행복한 목표실현
스트로크 미팅

행복한 목표실현

스트로크 미팅

2017년 7월 25일 초판 인쇄
2017년 7월 30일 초판 발행

지은이 | 송관
교정교열 | 정난진
펴낸이 | 이찬규
펴낸곳 | 북코리아
등록번호 | 제03-01240호
주소 | 13209 경기도 성남시 중원구 사기막골로 45번길 14
　　　 우림2차 A동 1007호
전화 | 02-704-7840
팩스 | 02-704-7848
이메일 | sunhaksa@korea.com
홈페이지 | www.북코리아.kr
ISBN | 978-89-6324-563-8 (03190)

값 15,000원

행복한 목표실현

스트로크 미팅

송관 지음

"누구나 일상의 훈련으로 목표를 실현할 수 있다"

북코리아

스트로크 미팅은
우리의 인생을 행복으로 안내할 것이다

이 책은 저자가 출간한 『일상에서 발견하는 소소한 심리이야기』(도서출판 씽크스마트, 2015)에 뒤이은 것으로, 상호보완적인 내용을 담고 있다. 무엇보다 저자가 반평생에 걸쳐 다양한 직종과 계층을 대상으로 강의하며 쌓아온 교육훈련 프로그램이 잘 녹아 있기에 자기계발과 자아실현을 위해 좋은 길잡이 역할을 수행할 것으로 보인다. 저자의 중심화두는 "누구나 일상의 훈련으로 목표를 실현할 수 있다"는 것이다. 먼저, 목표실현의 과정에서 문제 되는 태도와 행동을 지적하고, 이를 변화시키기 위해 두려움, 주의집중, 자존감 등의 의미를 살핌으로써 더 나은 바람직한 대안을 모색하고 있다.

우리가 재미있게 볼 부분은 저자가 설계한 인생프로젝트다. 행복에 다가가기 위한 목표 설정이 필요하며, 이때 가치관과 목표는 일치해야 한다고 주장한다. 이어서 목표는 기한이 있어야 하고, 구체적으로 눈으로 볼 수 있도록 만들어야 하며, 더욱이 의욕을 불러일으킬 수 있도록 작성해야 한다고 말한다. 저자는 삶의 계획을 단기 · 중기 · 장기로 나누어 일일 행동목표, 주간 행동목표, 월간 행동목표 및 연간 행동목표를 짜 보길 권유하고 있다. 이는 실천을 유도하는 매우 적절한 지적이라고 하겠다. 마치 작은 물방울이 모여 물의 긴 흐름을 형성하고, 시간의 순간이 모여 영원으로 이어지듯, 하찮고 사소한 시작이지만 나중엔 원대한 완성으로 연결되어 의미 있는 삶이 될 것으로 기대된다.

이 책의 장점 가운데 하나는 스트로크 미팅(stroke meeting)의 의의를 소개하고 있다는 점이다. 스트로크(stroke)는 '위로해주고 애무해주다'라는 뜻의 위무(慰撫)이며, 나아가 이를 통한 존재인지다. 스트로크는 신체에 직접 닿는 것, 윙크, 말 걸기, 승인하기 등을 포함한 매우 넓은 의미의 말로서 타인의 존재를 인정하기 위한 작용이나 행위를 가리킨다. 저자는 "인간의 일생은 만남의 연속"이라고 정의한다. 따라서 만남에 필요한 구체적인 스트로크를 안내한다. 저자는 실제로 목표에 도전하고 싶은 사람들과 함께 '2025 목표실현 프로젝트'팀을 만들어 1년 동안 팀을 운영한 경험을 이 책에 풀어놓았다.

목표실현에 필수불가결한 요소는 훈련이며, 훈련은 자연스레 변화를 가져온다. 목표실현은 변화과정을 통해 성취할 수 있다. 단순한 이론의 나열에 그치지 않고 이 책 속에 기술하고 있는 '자기성장훈련 문제'를 연습하고 훈련하는 습관을 거친다면, 누구나 필요한 능력을 기를 수 있을 것이다. 자신에게 적합한 올바른 훈련을 하면 성공적인 삶을 살 수 있다. 자기성장훈련—목표를 세우기 위해서는 자신의 장점과 강점을 발견하는 것이 필요하다. 장점이나 강점이 있다는 것은 열정을 쏟을 대상이 있다는 뜻이고, 비전과 목표를 세울 수 있다는 말이기도 하다. 더구나 이것이 끈기와 결합될 때 목표는 실현될 것이라고 내다본다. 따라서 진정한 행복에 이르는 길은 자신의 장점과 강점을 발견하고 키우고 실천하는 데 있다.

오늘날 우리는 늘 불안하고 불확실한 삶을 살면서 여러 장애와 역경에 부딪히고 있다. 저자는 목표실현을 방해하는 요인으로 '결심을 방해하는 두려움, 끈기의 부족, 자신감의 부족, 시간의 낭비' 등을 열거하고, 이를 극복하기 위한 것으로 '강점의 실현, 진실로 원하는 목표의 설정, 집중력의 향상, 자기제한적 신념의 극복 및 자존감'을 언급하고 있다. 만족한 삶을 살기 위해서는 가치 있는 목표를 세우고 그것을 실현하는 일이 중요하다. 또한 의미 있는 삶이란 좋은 관계를 맺고 유지하는 삶이다. 좋은 관계를 유지하기 위해서는 상대를 있는 그대로 인정하고 이해하며 차이를 존중하고 받아들이는 것이다.

저자에 따르면, 있는 그대로를 인정하고 이해하면, 그다음에 신뢰가 생기고 협조·협력의 관계가 형성될 수 있다. 신뢰(fides)를 이끄는 주요 요인은 정직성, 성실성, 개방성, 배려, 능력 그리고 언행의 일관성 등이다. 우리 일상을 관계적이며 개방적이고 즐겁게 이끌어가는 스트로크 미팅은 우리의 인생을 행복으로 안내할 것이라 확신하기에 이 책의 일독을 권하며 추천하는 바다.

김광명(숭실대학교 철학과 명예교수)

변화와 성장은
결코 하루아침에 이뤄지지 않는다

장 폴 사르트르는 말했다. "인생(life)은 B와 D 사이에 있는 C일 뿐"이라고……. B는 Birthday이고 D는 Death다. 그리고 C는 Choice다. 우리는 태어나서 지금까지 끊임없이 선택하면서 살아가고 있다.

죽을 때 자기 삶을 되돌아보면서 후회 없는 승자의 삶을 선택했다고 자부하는 사람이 있을 것이다. 그렇다면 승자의 삶은 저절로 선택되는 것일까? 답은 당연히 No다. 살아 숨 쉬는 동안 인생을 더 잘살 수 있도록 끊임없이 훈련해야 한다. 무엇을 어떻게 훈련할 것인가? 그 답이 이 책에 있다.

스스로 보람과 만족을 느끼고 있는지는 누구보다 자신이 잘 알 것이다. 누구는 후회하며 가슴을 치면서 죽고, 누구는 웃으며 죽는다. 그 차이는 뭘까? 자신이 기대한 대로 인생을 산 사람은 웃을 것이요, 기대한 바를 이루지 못한 사람은 후회할 것이다. 기대란 여러 가지로 표현될 수 있겠지만 자신이 살고 싶었던 삶의 목적, 사명, 비전, 목표가 아닐까?

좀 더 어릴 적부터 큰 그림 밑에 구체적 목표와 세부 실행계획을 세우고 매일매일 계획을 실행하는 생활이 체질화되었더라면 나의 인생도 좀 달라지지 않았을까? 그렇다고 성공적인 인생이 되었을지는 장담할 수 없지만 지금보다는 더 효율적인 시간 활용을 통해 많은 일과 다양한 경험을 하지 않았을까 싶다. 이 책을 추천하는 이유도 여기에 있다.

저자는 행복한 삶을 살아가는 방법 중 하나로 '자신의 가치관과 어울리는 인생의 목표 설정 → 월간/주간/일일 행동목표 수립 → 지속적인 실천방법'에 대해 소개하고 있다. 다양한 사례를 제시하여 쉽게 이해할 수 있도록 했고, 저자의 다양한 임상경험을 소개하며 목표를 설정하고 실천하는 것에 대해 평범한 사람들이 겪는 애로를 심리학적으로 해석하여 이해를 돕고 있다. 또한 세상에서 가장 무서운 도둑이 '시간도둑'이라고 말하면서 매일매일 일상의 시간을 어떻게 보낼 것인지에 대해 진지한 질문을 던진다.

수립한 계획을 실천하고 목표를 달성하며 날마다의 시간을 짜임새 있게 보내게 되면 행복한 삶에 이르게 되리라고 역설한다. 보통의 자기계발서에는 좋은 이야기로 가득 찬 구두선에 그치는 경우가 많다. 그러나 이 책은 저자 본인이 직접 운영한 2025 목표실현 프로젝트의 체험을 바탕으로 어떻게 하면 실제로 변화를 이룰 수 있을까에 대한 고민의 결과물이다. 마지막으로 저자는 실제 변화를 보증하기 위해 목표실현 월례연구회로 스트로크 미팅을 운영하고자 회원을 모집하고 있다. 쉽지 않은 일이지만 얼마나 대단하고 신선한 발상인가?

스스로 진실로 변화하고 싶은 분들에게 일독을 권하며, 꼭 실행해보고 스트로크 미팅에도 참가해보길 바란다.

남재봉(LS미래원 원장)

머리말
일상훈련으로 목표를 실현하자

지금까지 반평생을 다양한 직종과 계층을 상대로 여러 가지 교육훈련 프로그램을 강의해왔다. 그중에서도 목표와 관련된 교육은 가장 인기 있는 프로그램 중의 하나였다. 그러나 실제로 교육받은 사람들 중에 목표생활을 하고 있는 사람이 별로 없는 것 같아 안타까웠다.

언젠가 목표생활을 하지 않는 원인과 대책을 실제로 규명하여 프로그램을 보완하고 싶었지만 여건이 여의치가 않았다. 그러다가 최근에 비로소 매주 미술관에 가는 것을 계기로 목표에 도전하고 싶은 사람들과 함께 '2025 목표실현 프로젝트'팀을 꾸릴 수 있었고, 1년 동안 팀을 운영하면서 발생한 문제와 대책을 엮어 한 권의 책으로 만들게 되었다.

제1부는 사람들이 목표생활을 하다가 포기하는 원인을 분석했고, 제2부는 목표생활의 실제적인 접근을 시도했다. 제3부는 목표생활을 하고자 하는 사람들끼리 '스트로크 미팅'을 운영하여 서로 격려하고 의지하면서 해결방안을 찾도록 했다.

이렇게 스트로크 미팅까지 운영하면서 자기성장에 초점을 맞춘 워크숍을 진행하면 목표실현율을 현재의 8%에서 88%까지 끌어올릴 수 있지 않을까 하는 욕심도 슬쩍 내본다. 이 책의 제목도 독자들과 함께 역경과 좌절을 스트로크 미팅에서 극복한다는 의미에서 『스트로크 미팅』이라고 정했다.

목표실현에 필수불가결한 요소는 훈련이다. 변화는 반드시 훈련이 수반되어야 한다. 훈련 없이 변화는 이뤄지지 않는다. 목표실현도 변화 과정을 통해 성취할 수 있다. 단순히 책을 읽는 것만으로는 큰 도움이 되지 않는다. 책 속에 있는 '자기성장훈련' 문제를 연습하고 훈련하는 습관을 거쳐야 필요한 능력을 기를 수 있다. 누구든지 자신에게 적합한 올바른 훈련을 하면 성공적인 삶을 살 수 있다. 세상에 공짜는 없다. 노력 없이 되는 것은 없다.

살아가다 보면 많은 장애와 좌절이 곳곳에 도사리고 있다. 그 장애 중에서 80%는 자기 스스로 만들어낸 것이다. 이를 물리치려면 타인의 정서적 지원도 필요하고 자신의 변화도 절실하다.

『스트로크 미팅』은 목표를 실현할 때 발생할 수 있는 문제를 독자와 함께 고민하고 격려하고 의견교환을 하면서 성취하는 그날까지 함께하고자 한다. 사람들이 공동의 목적을 위해 모이면 힘이 몇 배 커질 뿐 아니라 원하는 결과를 더 쉽게 성취할 수 있다.

철학자 안병욱 교수는 『처음을 위하여 마지막을 위하여』에서 지혜로운 출발, 올바른 시작의 중요성을 강조했다. 오늘 하루도 열심히 살자. 그리고 인생이 활기가 넘치도록 자신에게 '나는 위대한 일을 할 수 있다!'고 외쳐보자. 할머니 시인 시바타 도요는 "인생이란 언제라도 지금부터다. 아침은 반드시 찾아온다"며 목표와 방향만 정해놓고 바로 실천에 옮기라고 했다.

그동안 많은 사람의 도움을 받아 이 책을 완성하게 되었다. 계획이

어긋나 상심하고 있을 때 도움을 준 이봉희 사장님을 잊을 수 없다. 너무 많은 신세를 졌다.

생각에 한계를 그으면 목표생활이 끝난다는 것을 일깨워준 2025 목표실현 프로젝트팀의 막내인 한유나에게 감사하고, 목표생활 자체가 스트레스를 주면 안 된다는 큰 교훈을 깨닫게 한 김이철 사장에게 감사의 마음을 전하고 싶다. 산부인과 의사인 조승옥 선생의 글은 잔잔하게 마음의 충격을 주었다. 끝까지 목표실현을 추구한 동화작가인 한병의 선생으로부터 자존감의 강화와 스트로크 미팅의 필요성을 절감하게 되었다.

또한 항상 신선한 아이디어를 제공해주시는 서영호 사장에게 감사를 드린다. 끝까지 목표실현을 위해 노력하고 있는 화가 최종소 선생에게 감사의 박수를 보내고 싶다. 독일에서의 작품 활동은 멋있는 목표성취의 열매였다. 지방에서 목표실현 교육을 강의하고 있는 조기년 교수의 짤막한 평은 항상 소중하고 고마웠다. 산업교육 강의 경험이 있는 이화약국의 백광순 약사는 글에 힘을 실어준 고마운 분이다. 멀리 미국에서 응원하고 있는 친구 오해성과 제수씨에게도 고마움을 전하고 싶다. 삶의 길잡이가 되고 있는 김재철 사장과 송영승 사장에게도 감사의 마음을 전한다.

항상 함께하면서 격려해주는 성모병원의 송현 부원장, 송자경, 이완규 전무, 심길중 교수에게 감사한다. 고맙게도 사랑하는 며느리는 『일상에서 발견하는 소소한 심리이야기』에 이어 이번 출간에도 많은 도움을 주었다.

글을 쓰면 검수는 집사람이 먼저 한다. 집사람은 '매우 좋다, 좋다, 묵묵부답' 등으로 나의 글을 평하고, 나는 다시 수정해서 인터넷으로 회원들에게 보낸다.

가장 먼저 열어보는 사람은 아들이다. 아들의 말없는 응원에 고마움을 전한다. 반복되는 회원들의 도중하차로 마음이 아팠으나 고마운 사람들과 함께 호흡하면서 만들어진 매우 소중한 책이 『스트로크 미팅』이다.

고타마 싯다르타가 "진리의 길을 걷고 있는 사람이 저지른 두 가지 실수가 있다. 하나는 끝까지 가지 않는 것이고, 다른 하나는 시작하지 않는 것이다"라고 말한 바와 같이 지금 바로 행동으로 옮기자.

나는 위대한 일을 할 수 있다!

2017년 7월 관악산 기슭에서

CONTENTS

I

문제 되는 태도와 행동을 변화시키자

감격어린 마음으로 내적 자아라는 바다를 항해하라.

사소한 것을 장엄한 광경으로 바꾸라.

삶이나 그대가 사랑하는 사람들을 결코 포기하지 말라.

감정이라는 영역에서 절대로 늙지 말라!

실망, 좌절, 상실은 늘 겪어야 하는 일이니

고통이 다가올 때마다 성장할 기회로 삼아라!

사막을 만나면 오아시스를 찾아내라!

아름다움을 음미하고 창의력을 발산하며

생각을 관리하고 감정을 보호하고

진취적인 태도로 살아가라!

당신의 놀라운 정신이 눈부시게 빛나도록 훈련하라!

당신은 그럴 가치가 있는 사람이다.

– 아우구스토 쿠리(Augusto Cury/다초점 창시자)

1
에고그램에 의한 성격행동 분석

무슨 소리를 듣고 무엇을 먹었는가?
그리고 무슨 말을 하고 어떤 생각을 했으며 한 일이 무엇인가?
그것이 바로 현재의 당신이다.
그리고 당신이 쌓은 업보다.
이와 같이 순간순간 당신 자신이 당신을 만들어간다.
명심하라.

-
법정스님

1) 정신분석과 교류분석의 차이

사람이 모이면 성격에 대한 이야기를 많이 한다. 특히 직업상 사람과 접촉을 많이 하는 사람은 성격이론 하나쯤 알고 있는 것이 사회생활에 여러모로 도움이 될 것이다. 자신의 성격특징을 알고 그것이 상대에게 어떤 영향을 미치는지 알 수 있다면 관계형성에 많은 도움이 될 것이다. 성격이론의 하나인 에릭 번(Eric Berne)의 '교류분석 이론'은 이해하기 쉽기 때문에 배워서 바로 응용할 수 있다.

정신분석의 창시자인 프로이트(Sigmund Freud)는 1925년경에 사람의 마음은 초자아, 자아, 이드로 구성되어 있다고 강조했다. 이드는 본능 부분으로 쾌감원칙에 따라 움직이고, 자아는 이드를 현실에 맞게 통제하며, 초자아는 자아와 이드를 사회규범에 맞도록 통제한다고 했다.

교류분석(Transactional Analysis)은 에릭 번이 1958년에 개발한 것으로 사람의 마음속에는 부모와 같은 Ⓟ, 어른과 같은 Ⓐ, 어린이와 같은 Ⓒ가 있다고 했다. Ⓟ는 초자아와 비슷하고, Ⓐ는 자아와 비슷하며, Ⓒ는 이드와 비슷하다. 내용적으로는 프로이트의 3개 자아와 비슷하나 정신분석은 무의식적인 개념이고 교류분석은 의식적인 부분만 취급했다. 또한 정신분석은 의사가 환자에 대해 분석하지만, 교류분석은 자기 스스로 분석할 수 있는 것이 다르다.

정신분석은 사회, 문화에 엄청난 영향을 끼쳤으나 무의식적인 개념이어서 일반사람들이 이해하기에는 어려운 점이 있었다. 그러나 교류분석은 의식부분만 취급하기 때문에 이해하기 쉬워 많은 사람들에게 영향을 주었다.

2) 자기 언동의 특징을 이해한다

인간에게 일어나는 모든 사건은 약 150억 개의 뉴런 세포에 기록된다. 부모가 정직을 강조하면 아이도 정직을 강조하고, 엄마가 "아이, 귀찮아!"라고 말하면 아이도 "아이, 귀찮아!"라고 말한다. 부모의 언동과 감정까지 학습된다. 어린 시절의 경험, 사건, 부모의 관계, 트라우마 등은 녹화테이프처럼 오래도록 우리 마음속에 살아 숨 쉰다. 이러한 경험이 다시 작동되면 그 당시의 기억과 경험을 회상할 수 있다. 이러한 기억과 경험을 담고 있는 저장소를 교류분석에서는 '자아상태'라고 부른다.

자아상태는 크게 ⓟ, ⓐ, ⓒ의 3가지로 나눈다. ⓟ는 Parent의 약자로, 주로 우리의 '말'이 저장된 장소다. 부모와 너무 비슷해 부모의 복사판 같다. ⓟ는 엄한 측면과 자상한 측면이 있다. "학교에 갔다 오면 반드시 숙제 먼저 해야 해!", "당신은 이렇게 해서는 안 돼요!"라는 등의 말투는 엄한 측면의 ⓟ에서 나온 말투다. "어려운 일이 있으면 말해!", "안마해줄까?" 등과 같은 언어와 행동은 자상한 측면의 ⓟ에서 나온 말투다. 이렇게 ⓟ는 비판적이고 권위적이고 타인을 배려하는 자아상태다.

ⓐ는 Adult의 약자로, 컴퓨터와 같다. '언제', '어디서'와 같이 문제해결과 상황에 대처하는 모든 언동은 ⓐ 자아상태에서 나온 것이다.

ⓒ는 Child의 약자다. 부모의 뒷모습, 즉 부모의 비언어 부분과 인간의 욕구, 체험된 감정이 저장된 장소다. 아이가 신이 나서 "나 80점 맞았어"라고 말하자 엄마는 "100점도 아니잖아"라고 말할 때의 표정 등이 저장된다. ⓒ에는 자유로운 측면과 순응하는 측면이 있다. "덥다 더워", "밥 먹고 합시다", 기분 좋으면 노래를 부르는 등은 자유로운 측면의 ⓒ에서 나온 언동이다. 피한다거나, 눈치를 보거나, "죄송합니다" 등과 같은 언동은 순응하는 측면의 ⓒ에서 나온 언동이다.

ⓟ는 뇌의 신(新)피질 부분에 위치하고, ⓐ는 전두엽, ⓒ는 고(古)피질 부분에 위치한다.

〈자아상태를 파악하는 방법〉

자아상태			언어	비언어	상대방이 받는 느낌
ⓟ	비판적 CP	봉건적, 보수적, 권위적, 비판적, 규제적, 편견적, 도덕관, 선악관, 정의감 (Critical Parent) 엄한 측면의 ⓟ	-요즘 젊은이들은 무책임해서 큰일이야!	-깔보는 듯한 자세 -팔짱을 끼고, 다리를 꼰다	-깔보는 듯한 느낌을 받는다
	보호적 NP	양육적, 보호적, 지지적, 동정적, 남을 위하는 마음, 어리광을 받아줌 (Nurturing Parent) 자상한 측면의 ⓟ	-잘했어. 뭔가 노고를 치하할 방법을 생각해주지 않으면 안 되겠군.	-상대방의 어깨를 감싸준다 -손을 내민다	-위안의 기분을 느낀다 -달래는 듯한 태도를 느낀다
Ⓐ	어른 A	논리적, 합리적, 객관적, 확률론적, 이성적, 사실평가적, 정보수집 지향, 현실지향(Adult)	-오늘이 무슨 요일이지? -몇 번 출구로 갈까?	-바른 자세 -안정된 기분 -감정적이 아니다	-안정된 기분을 느낀다 -객관적으로 사물을 본다는 느낌을 받는다
ⓒ	자유로운 FC	본능적, 자발적, 자동적, 적극적, 충동적, 향락적, 반항적, 직관적, 창조적, 조작적, 자기중심적 (Free Child) 자유로운 측면의 ⓒ	-자, 하나 해치웠다. -한잔 할까? -도저히 안 되겠어. -앗, 그렇다!	-자유로운 행동 -희로애락의 직접적인 표현 -손뼉을 친다	-자유로움을 느낀다 -희로애락을 직접적으로 느낀다 -'영감이 떠올랐구나' 하고 느낀다
	순응하는 AC	순응적, 소극적, 폐쇄적, 감정억압적, 비대결적, 자기연민적 (Adapted Child) 순응하는 측면의 ⓒ	-듣기 좋은 소리라도 한마디 해줘야겠군. -뭐, 상관없겠지.	-자신의 기분을 억누른 행동 -겉보기에 올바른 자세	-기분을 억누르고 있는 것처럼 느낀다 -착한 아이라는 느낌을 받는다

3) 호론연식 에고그램 프로파일 셀프테스트

    평소 자신의 언동을 생각하면서 비어 있는 □란에 언제나 그러면 3점, 종종 그러면 2점, 가끔 그러면 1점, 좀처럼 그런 일이 없으면 0점을 기입하라. 너무 깊이 생각하지 말고 가벼운 마음으로 점수를 기입하라.

언제나 = 3점 종종 = 2점		가끔 = 1점 좀처럼 = 0점		
1. 규칙을 지키지 못하는 사람에게 주의를 준다.		■	■	■	■
2. 상대방을 칭찬한다.	■		■	■	■
3. 과거에 사로잡히지 않고 현재를 중시한다.	■	■		■	■
4. 남 앞에서 자유롭게 행동할 수 있다.	■	■	■		■
5. 싫다고 말하지 않고 가슴속에 묻어둔다.	■	■	■	■	■
6. 어린이는 스파르타식으로 키워야 한다.			■	■	■
7. 상대방의 기분이 되어서 돌봐준다.	■		■	■	■
8. 과거의 실패를 참고한다.	■	■		■	■
9. 영화나 쇼 등의 오락을 즐긴다.	■	■	■		■
10. 생각한 것을 말하지 못하고, 나중에 후회한다.	■	■	■	■	■
11. 어린이나 부하에게 불평이나 불만을 말하지 못하게 한다.		■	■	■	■
12. 동물을 귀여워한다.	■		■	■	■
13. 돈으로 해결하는 것에 저항을 느끼지 않는다.	■	■		■	■
14. 멋 부리는 것을 좋아한다.	■	■	■		■
15. 후회를 자주 한다.	■	■	■	■	■
16. 자신의 주장을 간단히 굽히지 않는다.		■	■	■	■
17. 자진해서 총무를 맡는다.	■		■	■	■
18. 감정적이기보다는 이성적이다.	■	■		■	■
19. 희로애락의 감정을 솔직하게 표현한다.	■	■	■		■

20. 다른 사람들의 비위를 맞춘다.	■	■	■	■	
21. 타인의 장점보다 결점이 마음에 걸린다.		■	■	■	■
22. 어려운 사람에게 도움을 주고 싶다.	■		■	■	■
23. 냉엄한 현실이라도 받아들인다.	■	■		■	■
24. 노는 데 돈 쓰는 것을 마다하지 않는다.	■	■	■		■
25. 다른 사람들이 결정한 일에 따른다.	■	■	■	■	■
26. 타인의 결점 등을 추궁한다.		■	■	■	■
27. 타인이 행복해지기를 기원한다.	■		■	■	
28. 자신에게 손해인지 이득인지를 곰곰이 생각한다.	■	■		■	■
29. 어린이나 동물과 노는 것을 좋아한다.	■	■	■		■
30. 내심 불만이 있더라도 표면에는 나타내지 않는다.	■	■	■	■	
31. 타인의 무책임한 행동을 질책한다.		■	■	■	■
32. 타인에게 원조의 손을 뻗친다.	■		■	■	
33. 숫자나 데이터를 사용한다.	■	■		■	■
34. 떠들어대거나 수다를 떨거나 한다.	■	■	■		■
35. 걸핏하면 공상의 세계로 도망쳐버린다.	■	■	■	■	
36. 항상 리더십을 쥐고 싶다.		■	■	■	■
37. 사람들의 실패나 실수에 대해 관대하다.	■		■	■	■
38. 무슨 일이든지 정보를 모아서 냉정하게 판단한다.	■	■		■	■
39. 자신이 생각한 것을 말할 줄 안다.	■	■	■		■
40. 불쾌한 기분을 웃는 얼굴로 얼버무린다.	■	■	■	■	
41. 남을 깔보거나 무시한다.		■	■	■	■
42. 남의 편의를 봐주거나 돌봐준다.	■		■	■	■
43. 남의 의견을 듣고 참고한다.	■	■		■	■
44. 스킨십을 즐긴다.	■	■	■		■
45. 불쾌해도 불평하지 않는다.	■	■	■	■	
46. 남이 잘못했을 때 곧바로 꾸짖는다.		■	■	■	■

	CP	NP	A	FC	AC
47. 대가 없이 일하는 것이 즐겁다.	■		■	■	■
48. 사물을 사실에 입각하여 객관적으로 본다.	■	■		■	■
49. 저항 없이 기발한 일을 할 수 있다.	■	■	■		■
50. 자신의 감정을 억누르고 생활하고 있다.	■	■	■	■	
	CP	NP	A	FC	AC

〈당신의 에고그램은?〉

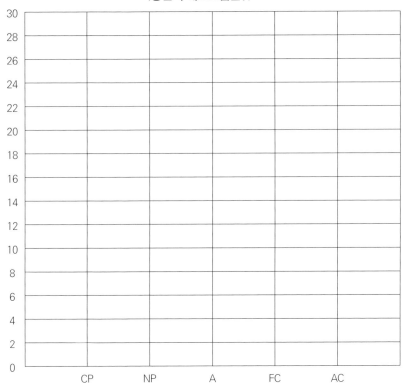

〈에고그램 읽는 법〉

(1) 먼저 가장 높은 자아상태에 주목한다. 가장 높은 자아상태는 그 사람의 언어와 행동의 특징을 이룬다.

(2) 에고그램을 더욱 자세히 볼 때는 CP, NP의 ⓟ와 FC, AC의 ⓒ의 높이를 전체적으로 비교한다. ⓟ가 높으면 부모 같은 마음씨가 강하고, ⓒ가 높으면 어린이와 같은 마음씨가 강하다고 할 수 있다.

　가. ⓟ가 높은 사람은 CP와 NP를 비교한다. CP가 높으면 엄하고 비판적인 ⓟ가 강하고, NP가 높으면 온화하고 보호적인 ⓟ가 강하다. CP가 NP보다 높으면 대인관계에서 갈등이 일어날 가능성이 있으니 조심해야 한다. CP가 높으면 상대는 AC 자아상태가 될 가능성이 있고, NP가 높으면 상대는 FC가 되어 버릇이 없어질 수 있다.

　나. ⓒ가 높은 사람은 FC와 AC를 비교한다. FC가 높으면 생각대로 감정 표현을 하는 자유로운 ⓒ가 강하고, AC가 높으면 자신을 억제하여 남에게 순응하는 ⓒ가 강하다고 할 수 있다. AC보다 FC가 높아지도록 노력해야 한다. FC는 자발성과 창의성이 있기 때문이다. 인생을 즐겁게 산다는 것은 FC가 높다는 것을 의미한다. FC가 높으면 상대도 FC가 되어 그 상황을 함께 즐길 수 있다. AC는 CP를 부른다.

(3) 에고그램 중에서 A가 어느 정도 크기인지를 보는 것도 중요하다. A는 다른 자아상태를 컨트롤하는 작용을 가지고 있다. A가 다른 자아상태보다 크면 A는 다른 자아상태를 컨트롤하는 것이 가능하다. 이 경우 에고그램은 A의 컨트롤을 받고 있다고 생각된다. A가 다른 자아상태보다 작은 경우는 A보다 큰 자아상태를 컨트롤할 수 없다고 본다. A보다 큰 자아상태가 전체의 성격행동을 좌우할 가능성이 있다. 내가 A가 높으면 상대도 A 자아상태로 응수하는 경우가 많다.

(4) 목표생활에서 일어날 수 있는 스트레스는 FC로 풀고, 강점을 강화하여 열과 성을 다해 A를 가지고 목표를 성취해나간다.

(5) CP적인 사람에게는 설득하지 말고 되도록이면 짧게 말해야 한다. NP적인 사람에게는 따뜻하고 부드럽다고 하여 함부로 대하면 안 된다. 항상 예의바르게 대해야 한다. 왜냐하면 마음은 보수적이기 때문이다. A가 높은 사람에게는 구체적이고 정확하며 사실에 근거한 자료 중심으로 대하면 좋아한다. AC가 높은 사람은 자존심이 쉽게 손상되므로 조심해야 한다. AC가 높은 사람은 작은 친절에도 은혜롭게 생각한다.

〈에고그램으로 본 당신의 타입은?〉

CP의 자아상태 — 엄한 측면의 P	
높으면	낮으면
높으면 높을수록 양심적, 권위적, 책임감, 정의감, 선악감, 도덕관, 이상추구 등의 특징이 강해진다. 극단적으로 높을 때는 편견에 의한 평가나 비판 또는 자기주장을 강요하는 경우가 많아진다. 그래서 상대의 말에 귀를 기울인다든지 상대의 기분이나 감정을 배려하는 일이 드물다. CP는 '기준'을 가지고 규제하는 자아상태다. 이 '기준'은 부모 또는 관계자가 만들어 준 것이다. 이 기준이 강하면 권위적, 신념 같은 것이 강해져 상대의 흠을 잡는 명수가 된다.	CP가 낮으면, 즉 '기준'이 작동하지 못하게 되면 상대는 배울 것이 없다. 사회생활에 필요한 원칙이나 도덕, 가치관을 당신에게서 배울 수 없기 때문에 사람들은 때로 당신의 일관되지 못한 생활태도를 적당주의로 매도할 수도 있다. 우호적이며, 타인이나 사회를 비판하거나 공격하지 않는다. 좋은 의미로는 관용적, 나쁜 의미로는 우유부단하다고 할 수 있다.
NP의 자아상태 — 자상한 측면의 P	
높으면	낮으면
NP는 배려해주는 자아상태로, NP가 높으면 봉사적이 되거나 과잉보호가 되기도 한다. 높으면 모성적, 양육적, 보호적, 지지적, 보살핌, 동정, 부탁을 받으면 거절하지 못하는 등의 특징이 강해진다. 극단적으로 높을 때는 지나치게 버릇없어도 모두 용인하는 과보호 양상을 보이거나 너무 간섭해서 참견이 많다는 느낌을 준다. 이것이 누적되면 모르는 사이에 상대의 의타심을 키워주거나 자주성과 자율성을 박탈하는 결과를 초래한다. 그래서 어느 날 갑자기 이것을 싫어하는 사람들이 반항하게 된다.	폐쇄적이며, 타인에게 그다지 관심이 없고 동정심이 없다. 상대에게 너무 쌀쌀하고 냉정하여 불안감을 준다. 상대는 왠지 위축되어 당신의 안색을 살피게 된다. 더구나 당신의 CP가 높을 경우 폭발이나 여러 가지 심신의 증상이 나타나므로 아이들이나 부하들에게는 중대한 영향을 미친다.

A의 자아상태	
높으면	낮으면
높으면 높을수록 합리적, 이성적, 능률적, 객관적이며, 냉정, 솔직, 결단 등의 특징이 강해진다. A가 매우 높으면 냉정하다는 평가를 받는다. 모든 일을 계획적으로 하는 현실지향형일 것이다. 상대를 기분으로 야단치기보다는 잘 타이르는 태도를 취한다. 따라서 상대 스스로 인정할 수 있도록 사실 추구적, 정보수집 지향적이 된다. 극단적으로 높을 때는 물질만능, 무감정, 자기중심이 되어 남에게 차다는 느낌을 준다.	A가 낮으면 숫자 같은 것을 싫어하고 골치 아픈 것도 싫어한다. 비합리성, 생각하는 것이 고역이며, 현실 인식이 왜곡되어 있다. 물건을 살 때 충동구매를 하게 된다. 감정적이고 즉흥적이다. 상대를 배려하는 것이 서투르며, 사실에 의거한 정확한 판단이나 지시가 부족하여 심리적으로 불안하기 때문에 상대를 이해시키기 어렵다. 그 결과 당신을 무시하거나 바보 취급하는 사람도 있을 수 있다.

FC의 자아상태 — 자유로운 측면의 C	
높으면	낮으면
자연스러운 측면의 FC는 매우 생기발랄하고 자발적이고 창조적인 자아상태를 말한다. 자극적, 직감적, 공상을 좋아하는 등의 특징이 강하며, 희로애락의 감정을 솔직히 표현하여 상쾌한 생활을 할 수 있다. FC가 높으면 생기발랄하여 옆에 같이 있기만 해도 신이 난다. 극단적으로 높으면 자기중심적이거나 무책임한 면이 나타나기도 하는데, 이는 상대를 지나치게 소유하거나 방임하는 결과를 초래해 상대를 감정적으로만 대할 수도 있다.	FC가 매우 낮으면 아이들이나 부하직원이 활기가 없어진다. 정신적으로 위축되어 있어 하고 싶은 일도 못하게 되고 상대도 활력이 없는 성격이 될 수 있다. 특히 당신의 AC가 높으면 자기 자신을 지나치게 억압하게 되므로 고민이나 초조함으로 인해 상대에게 악영향을 주게 될 것이다.

AC의 자아상태 — 순응하는 측면의 C	
높으면	낮으면
순응하는 측면의 AC는 순응, 타협, 감정 억압 등의 특징을 가져 무리를 해서라도 상대의 기대에 따르려고 자신의 희생을 감수한다. NO라고 하지 못하며, 예의바르고 겸손한 자아상태다. AC가 높으면 착한 사람이나, 상대의 말이나 시선에 지나치게 신경을 쓰고 스트레스를 많이 받는다. 극단적으로 높을 때는 독립심, 주체성이 부족해 자기비하, 열등감, 적대심을 가지게 된다.	비협조성, 완고하고 융통성이 없다. 타인에게 이용당하지 않는다. 독선적인 면이 강하며, 특히 FC는 높은데 AC가 지나치게 낮은 경우 자기중심적이 되어 상대로부터 '제멋대로다'라는 비판을 받을 수 있다. 인간관계가 마음먹은 대로 안 되는 경우가 많을지도 모른다.

〈자료 제공: 한국인재개발본부〉

1. 전체적으로 가장 높은 자아상태 하나 또는 두 개가 자신의 언어와 행동의 특징을 나타낸다. 당신의 성격행동 특징을 적고, 당신의 성격행동 특징이 타인에게 어떤 영향을 미칠지에 대해서도 기술하라.

_____

_____

_____

_____

2. 당신의 성격행동 특징 중 강화하고 싶은 자아상태는 어떤 것이고, 그 이유를 적어보자.

_____

_____

_____

_____

3. 자아상태는 높은 것을 끌어내리는 것이 아니라 낮은 것을 끌어올려야 변화가 온다. 자신의 자아상태 변화를 위해 어떤 언동을 할 것인지 아래의 '자아상태 성장을 촉진시키는 행동' 중에서 10가지를 골라 V 표시를 하라.

〈자아상태의 성장을 촉진시키는 행동〉

CP	
	1. 신문기사에 비판문을 투고한다.
	2. 큰 소리로 떠들면서 절규한다.
	3. 자신을 갖고 큰 소리로 이야기한다.
	4. 약속을 지킨다.
	5. 주어진 업무는 확실히 해낸다.
	6. 책임을 갖고 행동한다.
	7. 자기 의견을 갖는다.
	8. 목표를 갖는다.
	9. 자신을 절대시한다.
	10. 결정된 일은 완수한다.
	11. 공사를 구분하여 행동한다.
	12. 자신에게 엄격히 한다.
	13. 걱정하게 하지 않는다.
	14. 등을 곧바로 편다.
	15. 좋지 않은 행위에는 주의를 준다.
	16. 가훈을 만든다.
	17. 타인의 평가를 확실시한다.
	18. 동작을 시원스럽게 한다.
	19. 사물의 옳고 그름을 명확히 한다.
	20. 흑백을 명확히 한다.
NP	
	1. 어린이와 부하에게 상냥한 말을 건넨다.
	2. "해냈구나" 하며 격려한다.
	3. 상대방 입장에서 생각해준다.
	4. 상대의 장점을 파악하려고 한다.
	5. 용기를 북돋아 준다.

6. 타인을 위해 요리를 만든다.

7. 어린이에게 스킨십을 준다.

8. 친절한 마음을 갖는다.

9. 봉사활동을 갖는다.

10. 마음을 줄 사람(애인)을 갖는다.

11. 사람을 좋아하고 싫어하는 편견을 갖지 않는다.

12. 관대한 애정으로 접한다.

13. 친절한 마음가짐으로 행동한다.

14. 상대의 이야기를 친근감 있게 듣는다.

15. 배려를 나타낸다.

16. 모성적인 풍부함을 갖는다.

17. 타인에게 의뢰받으면 기분 좋게 받아들인다.

18. 자녀와 타인을 잘 보살펴 준다.

19. 사회봉사적 활동에 앞장서서 참가한다.

20. 상대 입장에서 생각해 준다.

A

1. 전철이 늦어질 때 그 이유를 묻는다.

2. 현실을 파악한다.

3. 교통기관의 시간표를 기입해둔다.

4. 감정 기복을 일으키지 않고 냉정히 이야기한다.

5. 계획을 잘 세워 실행한다.

6. 사물을 계획에 따라 실행한다.

7. 확실히 예산을 세워 행동한다.

8. 사물을 정확히 판단하도록 한다.

9. 주위 상태에 주의를 기울인다.

10. 감정적으로 되지 않는다.

11. 주관적이 아니고 객관적으로 생각한다.

12. 무엇이든지 계획을 세워 행동한다.

13. 사실을 음미하면서 생각한다.

14. 가능성을 측정하도록 한다.

15. 사실에 따라 생각하는 습성이 든다.

16. 찬부 양 의견을 묻는다.

17. 감정적이 되지 않도록 한다.

18. 5W1H를 묻는다.

19. 사이를 두고 이야기한다.

20. 사물을 공평히 본다.

| FC | 1. 댄스 등을 즐긴다. |

2. 창조성을 풍부히 한다.

3. 코미디를 보고 유행하는 농담을 해본다.

4. 적극적으로 된다.

5. 마음에 여운을 갖는다.

6. 예술에 심취한 풍요로운 마음을 갖는다.

7. 대자연에 접해 본다.

8. 많은 사람에게 많은 이야기를 듣는다.

9. 최선을 다할 수 있는 일을 갖는다.

10. 활발하게 된다.

11. 자질구레한 일에 구애받지 않는다.

12. 사물에 대해 강한 호기심을 갖는다.

13. 생각을 하면 곧 행동을 옮긴다.

14. 적극적으로 행동한다.

15. 마음 내키는 대로 하고 싶은 일을 한다.

16. 태도, 표정을 그대로 나타낸다.

17. 명랑하고 대인관계가 원만하다.

18. 언제나 생기발랄하다.

19. 자신의 의견을 적극적으로 피력한다.

20. 오락적으로 생각하고 행동한다.

AC	

1. 타인의 이야기에 귀를 기울인다.

2. 자신의 기분을 조절한다.

3. 상대방 마음에 들도록 노력한다.

4. 적당히 자신을 억제한다.

5. 항상 주위를 배려한다.

6. 타인의 눈을 생각한다.

7. 스스로 동료의식을 높인다.

8. 상대 의견을 순수하게 들어준다.

9. 풍파를 일으키는 일은 하지 않는다.

10. 세부적인 일까지 신경을 쓴다.

11. 불만을 표면에 나타내지 않는다.

12. 타인이 정한 사항에 따른다.

13. 불쾌한 감정을 웃는 얼굴로 나타낸다.

14. 후회심에 언제까지나 빠진다.

15. 생각한 것을 말하지 않고 후회한다.

16. "싫어"라고 말하지 않고 가슴에 접어둔다.

17. 타인의 비위를 맞춘다.

18. 생각이나 행동에 자신을 갖지 않는다.

19. 무엇인가 공상의 세계에 빠진다.

20. 적극적으로 행동하지 않는다.

다음은 V 표시를 한 10가지 행동 중에서 자신의 변화를 위해 반드시 해
야 할 행동을 5개 골라 O를 표시한 다음 '자아상태 성장을 위한 나의 결
심'에 옮겨 적는다. 적을 때는 '나는 …… 한다.'로 적어라.

〈자아상태 성장을 위한 나의 결심〉

1. _____

    _____

2. _____

    _____

3. _____

    _____

4. _____

    _____

5. _____

    _____

년   월   일

성명: _____

2
목표에는 강점이 필요하다

이 세상의 모든 것을 다 잘하는 사람은 없다.
자신을 강점 위에 설계하라.
사람들은 자신의 강점보다 약점을 극복하기 위해 노력하지만
성공적인 인생을 산 사람들은
강점 위에 자신을 설계해왔음을 명심하라.

-
피터 드러커(Peter Ferdinand Drucker)

지금은 강점이 대세다. 본인의 강점을 발견하고 계발한 사람만이 성공할 수 있는 세상이다. 아직도 약점에 연연한다면 시대에 역행하는 것이다. 시대를 막론하고 위대하게 평가받고 훌륭한 업적을 남긴 사람들은 자신의 강점을 정확하게 알고 키우고 발전시킨 사람들이다. 모차르트의 위대성도 1만 시간에 이르는 연습의 결과라고 한다.

강점은 타인보다 잘하는 것이 아니라 자신의 여러 가지 자원 중에서 상대적으로 우수한 자원을 말한다. 재능은 "생산적으로 쓰일 수 있는 사고, 감정, 행동 등의 반복되는 패턴"이라고 정의한다. '인내심이 강한 것'

도 재능이고, '매력적인 사람'도 재능이며, '경쟁을 좋아하는 것'도 재능이다. 하느님은 사람들에게 골고루 재능을 주셨다. 다른 사람도 칭찬하고 자신도 그렇다고 생각되는, 태어나면서부터 유산으로 물려받은 재능을 발견하여 학습과 경험으로 갈고 닦으면 강점이 된다. 강점은 교육이나 훈련에 따라 얼마든지 발전시킬 수 있다. 이 강점을 계속 연마하면 탁월한 강점이 되어 성공의 토대가 된다. 이러한 강점이 실현될 때 자신감이 늘어나고 생활은 만족스럽고 행복해진다.

미8군에서 교육을 받은 적이 있었다. 강사는 김영태 선생이었고, 강의 제목은 리더십이었다. 어려운 주제를 어찌나 쉽게 가르치는지 완전히 매혹되었다. 강사는 말을 별로 하지 않았으나 강의 효과는 최고였다. 그때 '나도 저 사람처럼 잘할 수 있을 것 같다'는 생각이 들었다. 나의 강점을 찾아낸 순간이었다. 인생은 나름대로 살아가는 무기가 있어야 하는데, 그때 나는 인생을 살아가는 무기를 하나 발견한 셈이다. 그 후 미국에서 체험학습과 관련된 책도 구입했고, 해외 강사들도 모셔와 세미나도 열었으며, 열심히 공부했다.

최근 대학 친구인 김준수를 만나 '나도 저 사람보다 잘할 수 있는데……' 이렇게 생각해본 적이 없었느냐고 물어보았다. 대림산업의 전무 출신인 그는 정년퇴직을 하면 역사해설가가 되겠다고 생각한 적이 있었다고 한다. 그 친구의 강점 덕분에 조선왕릉을 한 바퀴 다 돌면서 참배했다. 해설은 당연히 역사에 대해 해박한 지식을 가지고 있는 친구가 해주었다.

강점이 있다는 것은 열정을 쏟을 대상이 있다는 뜻이고, 비전과 목표를 세울 수 있다는 뜻이기도 하다. 더구나 강점이 끈기와 결합될 때 목표는 쉽게 이뤄진다. 목표실현을 추구하기 위해 노력할 때 강점이 반영

되지 않으면 목표 도전이 재미없고 신도 나지 않는다. 자신의 강점을 찾아 발전시키고 여러 가지 자원을 집중하면 멋진 인생을 살아갈 수 있다.

마틴 셀리그먼(Martin Seligman/긍정심리학의 창시자)은 "진정한 행복은 개인의 강점을 파악하고 그것을 계발하여 일, 사랑, 자녀양육, 여가활동이라는 삶의 현장에서 활동함으로써 실현되는 것"이라고 했다. 진정한 행복의 길은 강점을 발견하고 키우고 실천하면서 목표에 도달하는 것이다.

아이에게는 자신의 강점을 들여다볼 수 있도록 습관을 길러주자. 성과가 좋다는 말은 강점이 발현되었다는 뜻이다.

여러 각도로 자신의 강점을 찾아보자. 각 상황을 읽어보고 연상되는 답을 적어보자. 답 속에 숨어 있는 자신의 강점을 발견할 수 있을 것이다.

1. 타고난 재능을 생각나는 대로 적어보자.

_____

_____

_____

앞으로 5년 동안 이 중에서 두 가지 재능을 갈고닦아 인생을 살아가는 무기로 삼을 것이다. 이 두 가지 재능은

① _____

② _____

2. 만약 과거에 성과가 좋았던 일을 지금도 하고 있다면 당신은 이미 승자의 길을 걷고 있는 것이다. 과거에 당신이 한 일 중에서 성과가 좋았던 일을 적어보자.

_____

_____

_____

3. 최근에 몰입했던 일은 어떤 일인가?

_____

_____

_____

4. '하고 싶거나 나도 잘할 수 있다'고 생각되는 것을 적어보자. 강점일 가능성이 높다.

_____

_____

_____

5. 단점도 생산적으로 쓰인다면 강점일 수 있다. (예를 들어 고집도 생산적으로 쓰인다면 강점이 될 수 있다.)

_____

_____

_____

6. 자신도 잘한다고 생각하고 타인도 그렇게 생각하는 것이 있으면 적어 보자.

_____

_____

7. 무슨 일을 할 때 즐겁고 기뻤는가?

_____

_____

_____

8. 재능은 만족 속에 숨어 있다. 최근에 만족스러웠던 일을 적어보자.

_____

_____

_____

9. 과거에 학습 속도가 빨랐던 일을 적어보자.

_____

_____

_____

10. 과거에 가장 자랑스럽게 느꼈던 그 순간을 적어보자.

_____

_____

_____

11. 지금까지 살아오면서 많은 돈을 썼거나 많은 시간을 보낸 일은 무엇
    인가?

_____

_____

_____

• 위에 적은 내용을 참고로 하여 자신의 강점을 5가지만 작성해보자.

_____

_____

_____

_____

_____

3
두려움은 결심을 **방해한다**

~·~·~·~·~

두려움을 느낀 사람은 눈앞의 상황을 피하려 한다.
그래서 결국 특출한 재능을 발휘하지 못하고
창의성도 무뎌져 인생의 패자가 되고 만다.
-
프랜 타켄턴(Fran Tarkenton/미식축구 선수)

~·~·~·~·~

자신이 진실로 원하는 목표를 세워 하나하나 계획을 실천해나갈 때 때로 두려움이 실천을 방해한다. 두려움 속에서 창의성과 자신감은 사라지고 아이디어는 사멸된다. 두려움의 본질은 경직이기 때문이다. 두려움이 지배하면 어떤 새로운 변화도 기대할 수 없다. '원하는 목표'를 설정한 후 계획까지 잘 잡아놨으나 실천하지 못하고 걱정만 하는 사람이 있다. 두려움 때문에 진정으로 하고 싶은 일을 하지 못하고, 원하지 않는 일을 하고 있는 안타까운 사람들이다.

어떤 사람들은 성장하면서 두려움에서 벗어난다. 어떤 사람은 두려움이 갈수록 커져만 간다. 두려움이 하나의 습관이 되어버린 사람들도 있다. 그러나 두려움을 무릅쓰고 행동하다 보면 두려움을 극복하는 기술도 늘어나고, 경험의 폭도 넓어지며, 내면의 힘도 더욱 강해진다. 두려움은 대표적인 부정적 정서이다. 우리는 마음속에 두려움이 엄습해오면 꼼짝달싹하지 못한다. 일반적으로 사람들은 특정 동물이나 곤충을 무서워하기도 하고, 마음속에 어떤 허상을 만들어가면서 무서워하기도 한다. 두려운 감정은 과거 또는 미래와 관련되어 있는 것으로 사람들은 두려우면 아무것도 하지 못하게 된다.

정신분석 시간에 교수가 "사람들은 수중에 돈이 떨어지면 왜 불안해할까?" 하고 질문했다. 교수가 "불안, 두려움은 죽음 본능(Death Instinct)과 관련이 있다"고 말했다. 그래도 두려움 때문에 죽은 사람은 없었다고 한다. 학생들은 웃었다. 개미가 무섭다고 한 발자국도 옮기지 못하는 아이가 있었고, 쥐가 무섭다고 그 자리에서 얼어붙은 사람도 있었으며, 수술실에서 피가 무서워 기절했다는 의사 이야기도 있으나 두려움 때문에 죽은 사람은 없었다. 하지만 두려움은 행동을 심각하게 방해한다.

목표를 실현시킬 때 나이가 많아서, 건강이 좋지 않아서, 돈이 없어서, 타인이 비난할까 두려워서 행동을 더 이상 진전시키지 못하고 현실에 안주하는 사람도 있다. 두려움은 여러 가지 형태로 나타난다. 불안이나 당황, 저항, 수줍음, 망설임 모두 두려움의 한 형태다. 사람들은 두려우면 무언가 시도조차 하지 못한다. 행동으로 옮기기 전이 가장 두려운 법이다. 높은 곳에서 번지 점프를 할 때도 뛰어내리기 직전이 가장 두렵다. 그러나 막상 뛰어내리면 마음이 후련해진다. 목표실현은 두려움 바로 그 너머에 있다. 위대한 성공은 너무 두렵고 무서워서 포기하고 싶은 심정 그다음 단계에 나타난다.

두려움을 극복하는 기술 가운데 반드시 배워야 할 것이 바로 '생각'과 '강박증'을 구분하는 방법이다. 두려움은 강박증의 악순환 속에서 자라기 때문이다. 아무런 발전 없이 똑같은 생각을 반복하는 것은 '생각'이 아니라 '강박증'이다. 강박증은 마음이 단 하나의 감정이나 개념에 집중된 나머지 도저히 벗어나지 못하는 경우를 말한다.

두려움을 극복하는 가장 좋은 방법은 행동으로 두려움을 극복하는 것이지만, 그것이 여의치 않을 경우 두려움의 유형별 대처방안만 몇 가지 알고 있어도 목표실현에 더욱 가까이 다가갈 수 있다.

첫째, 두려워할수록 더 두려워진다. 심리학자 윌리엄 제임스(William James)는 두려워지면 두렵지 않은 사람처럼 행동하라고 말한다. 용감한 사람이 되고 싶다면 너대니얼 호손(Nathaniel Hawthorne/『주홍 글씨』의 작가)의 '큰 바위 얼굴'처럼 우리도 마음속으로 용감한 사람을 마음속에 품고 내부대화를 하면서 용감한 사람이 된 것처럼 행동하면 실제로 두려움이 약화된다고 한다.

둘째, 두려움을 극복하기 위해서는 담력을 키워야 한다. 양궁선수들은 두려움을 정복하기 위해 밤중에 공동묘지에 갔다 오기도 하고 낙하훈련을 하기도 한다. 판매원들은 고객의 거절로 인한 좌절을 방지하기 위해 역할연기 훈련을 통해 정신적인 예방주사를 맞기도 한다.

셋째, 두려움의 반대인 긍정정서로 두려움을 쫓아낼 수 있다. 긍정적인 정서의 대표적인 것은 사랑이다. 두려움의 반대인 사랑, 기쁨 등을 활용하여 두려움을 없앨 수도 있다. 밤중에 어두운 골목길에서 사람을 마주치면 매우 두렵다. 이때 자애명상을 하면 두려움을 퇴치할 수 있다. 강의하기 전에 떨리는 마음을 가라앉히기 위해 자애명상을 하는 사람도 있다. 두려움은 과거의 감정이고 두려움을 쫓아내기 위해서는 두려움의 반대인 사랑의 감정으로 나아가야 한다.

넷째, 사고의 한계를 만드는 근저에는 두려움이 있다. 사고의 한계는 흔히 "내가 할 수 없는 일이야", "나는 못해"라는 말에서 잘 나타난다. 스웨덴의 전설적인 영화감독인 잉그마르 베르히만(Ingmar Bergman)은 "한계선이란 없다. 사고에도, 감정에도 한계선이란 없다. 단지 두려움이 한계선을 만들 뿐이다"라고 강조했다.

부정적인 감정의 대표 격인 두려움을 쫓아내기 위해서는 우리 마음속에 '휙 떠올랐다가 사라지는 생각'인 자동사고에 대한 인식을 새롭게 할 필요가 있다. 이러한 자동사고가 우리의 감정이나 행동에 결정적인 영향을 미치기 때문이다. 머릿속에서 휙 지나가는 자동사고가 긍정적일 때는 긍정적인 감정이나 행동이, 부정적일 때는 부정적인 감정이나 행동이 일어난다. 예를 들어 사람들이 많은 전철 속에서 누가 내 발을 밟았을 때 기분이 나빠졌을 경우도 있고 참고 견딜 만한 경우도 있었을 것이다. 이것은 누가 발을 밟았다는 상황을 어떻게 해석하느냐에 따라 긍정적인 감정이 되기도 하고 부정적인 감정이 일어나기도 한다는 뜻이다. 만약에 상황을 부정적으로 해석하여 기분이 나빠졌을 때 이를 긍정적으로 고치려면 순간적으로 일어났다가 휙 사라지는 자동사고를 재해석해야 한다.

다섯째, 부정적인 감정이 일어날 때 사고를 중지시켜 부정적인 감정이 계속 일어나는 것을 방지할 수 있다. 예를 들어 부정적인 사고를 중지시키기 위해 '중지!' 하고 소리를 지르는 사람도 있고 주먹으로 자기 머리를 때리는 사람도 있다.

여섯째, 의심의 원천은 두려움이다. 목표를 설정할 때 '잘 될까?' 하고 의심이 든다면 바로 '내가 두려워하는 이유는 무엇인가?'에 집중하여 두려움의 근원을 밝혀내고 대책을 세워야 한다.

역경을 극복한 사람은 그만큼 마음이 더 강해져 모든 두려움을 이겨

낼 수 있게 된다. 월트 디즈니(Walt Disney/미국의 만화영화 제작자)는 "당신은 어떠한 꿈도 실현시킬 수 있다. 당신에게 필요한 것은 용기뿐이다"라고 강조했다.

1. 엘리스(Albert Ellis/합리적 정서행동치료의 창시자)의 '두려움 없애기 연습' 중 하나를 실습해보자. 예를 들어 모임에 참석할 때(또는 스트로크 미팅을 할 때) 전혀 어울리지 않는 옷을 입고 간다.

- 느낀 점

_____

_____

_____

2. 자동사고 연습(두려운 감정이 일어난 상황을 먼저 생각해내고 그때 어떤 생각이나 장면이 휙 지나갔는지 적는다. 그런 다음 자동사고를 합리적인 사고로 바꾼 결과를 적는다.)

(상황) 기분 나쁜 감정을 일으키게 한 일(상황)을 적는다: 열정적으로 강의하고 있는데 한 학생이 졸고 있다.

(감정) 위 상황에서 발생한 감정은 무엇입니까?: 분노

(불합리한 자동사고) 어떤 생각이나 장면이 휙 스쳐 지나갔습니까?: 날 무시하고 있다.

(결과) 합리적인 사고로 바꾼 결과를 적는다: 날 무시한 것은 아니다. 너무 피곤해서 졸고 있다.

최근에 일어난 일 중 부정적인(두려운) 감정이 일어난 상황을 적고, 그 상황을 어떻게

해석했는지 자동사고와 결과를 적는다.

(상황): _____

(감정): 아이 무서워!

(불합리한 자동사고/어떤 생각이나 장면이 휙 스쳐 지나갔습니까?):

_____

(결과): _____

4
목표실현은 끈기와의 싸움이다

끈기를 대신할 수 있는 것은 없다.
재능도 아니다.
재능이 있는데도 성공하지 못한 사람은 세상에 널렸다.
천재성도 아니다.
버림받은 천재성이란 말도 있지 않은가?
교육도 아니다.
세상은 교육받은 낙오자로 가득 차 있다.
끈기와 결단력만이 모든 것을 가능케 한다.
-
캘빈 쿨리지(John Calvin Coolidge/미국 30대 대통령)

성공과 성취의 근간은 끈기에 있다. 끈기 없이 목표를 실현시킬 수 없다. '마부위침(磨斧爲針)'이라는 말이 있다. 도끼를 갈아 바늘을 만든다는 뜻이다. 아무리 어려운 일이라도 강인한 의지와 끈기를 가지고 노력하면 성취할 수 있다는 이야기다. 재능이 뛰어나도 끈기가 없으면 목표를 성취할 수 없다. 시간관리의 기초가 되는 '일일 행동목표'의 수행 정도를 보면 끈기를 짐작할 수 있다. 끈기가 부족한 사람은 몇 번 시도하다가 평계를 대고 중단한다.

공자는 "인간의 큰 미덕은 넘어지지 않는 데 있는 것이 아니라 넘어질 때마다 다시 일어나는 데 있다"고 말했다. 끈기의 기초가 되는 것은 의지력이다. 끈기가 없는 사람은 의지력도 부족하다. 꿈을 이루기 위해 아직 갈 길이 멀었을 때 계속 노력하게 만드는 힘이 끈기다.

젊은 시절에 의지 또는 끈기가 부족하다는 말을 들었다거나 장기적인 목표를 실현시키기 위해 노력하는 사람들은 각별히 끈기 강화를 위한 훈련에 신경 써야 한다. 일반적으로 사람들은 장기간 의지력을 유지하기가 어려우며, 목표를 실현시키는 과정 속에 나타나는 가혹한 장애나 좌절을 돌파하려면 끈기가 있어야 하기 때문에 끈기훈련을 일상훈련으로 하는 것은 목표실현을 결정짓는 매우 중요한 조건이라고 할 수 있다.

일반적으로 사람들은 좌절을 경험하면 만족감을 얻는 쪽으로 결심하기 때문에 의지력이 약화된다. 따라서 끈기를 강화시키기 위해 끈기를 일상훈련으로 하는 사람들이 목표를 실현할 가능성이 높다. 끈기란 쉽게 단념하지 않고 일련의 계획된 행동을 지속하는 과정에서 기쁨을 느끼는 것으로, 끈기를 강화하려면 무슨 행동을 하든 꾸준히 계속해야 한다. 조급하면 끈기가 약화된다.

이순신 장군은 28세에 무과시험에 응시했으나 말에서 낙마하여 다리가 부러지고 말았다. 하지만 이순신 장군은 근처의 버드나무 아래에 축 늘어진 나무줄기를 꺾어 다리를 고정시킨 후 끝까지 시험을 치렀다. 비록 시험에 불합격했지만 이순신 장군의 인내심과 끈기를 잘 보여준 대목이다.

LG의 구본무 회장은 '끈기의 리더십'으로 유명하다. 한번 시작한 사업은 끈기를 가지고 끝까지 밀어붙인다. 구 회장은 일단 세계 최고가 되겠다고 방침을 정하면 부단히 도전해 좌절하거나 중도에 포기하지 않고 끝까지 밀고 나가 목표를 달성했다고 한다.

모태범 선수는 2010년 밴쿠버 동계올림픽에서 금메달을 딴 후 자신의 미니홈피에 "성공이라는 못을 박으려면 끈질김이라는 망치가 필요하다"는 글을 남겼다.

맥도널드의 창립자인 레이 크록(Raymond Albert Kroc)은 52세의 나이에 병까지 얻었지만 새로운 사업에 뛰어들어 밑바닥에서 최고의 자리에 오르기 위해 피나는 노력을 했는데, 그는 자신의 성공철학에 대해 이렇게 말했다. "오직 인내와 결단력만이 성공을 이룰 수 있다."

끈기는 성취를 보장하고 성공의 전제조건이 되기 때문에 채용 시 중요한 조건이 되기도 하는데, 이러한 끈기의 기초가 되는 자기절제와 인내심은 명상훈련을 통해 강화될 수 있다.

고등학교 동창인 김정상은 보스턴 마라톤대회에 출전한 경험이 있는 친구다. 같이 산에 오르면 자연스럽게 마라톤 이야기를 하게 된다. 마라톤은 지극히 힘든 극한 상태에 놓이는 순간 고통이 사라지면서 기분이 좋아지고 다시 자신감과 힘이 생겨 계속 달릴 수 있게 된다고 한다. 마치 명상을 하고 나면 기분이 좋아지듯이 마라톤도 극한 상태에서 명상상태를 경험하는 것 같다.

끈기는 최고의 덕목이다. 조상으로부터 물려받은 한국인 특유의 기질인 '은근과 끈기'를 가지고 우리 모두의 목표가 달성되는 그날까지 파이팅하자!! 우리 스스로 승자의 길을 걷고 있다고 확신하는 한 현실의 어려움을 참아낼 수 있다.

자기성장훈련

무슨 행동을 하든 시간을 정해놓고 꾸준하게 하면 끈기가 길러지지만, 여기서는 특별히 '명상훈련' 방법 두 가지를 소개한다. 명상훈련 방법은 수백 가지가 넘는다. 그중에서 자신에게 맞는 것을 골라 꾸준하게 훈련하면 명상이 주는 여러 가지 혜택을 누릴 수 있다. 목표를 성취하는 그날까지 꾸준히 명상훈련을 실천하기 바란다.

1. 걷기명상 방법

① 걷기명상은 걷는 동안 오직 발, 발바닥과 다리의 감각, 걸음동작, 몸무게의 이동 등 신체감각에 주의를 집중하면서 걷는다.

② 발을 들어 올려 앞으로 나아가고 내려놓는 동작에 주의를 집중한다.

③ 몸무게가 한쪽 발에서 다른 쪽 발로 어떻게 이동하는지 집중한다.

④ 멈춰서기 전에 의도를 알아차린다.

⑤ 온갖 잡념을 떨쳐버리고 지금 이 순간에 집중하는 능력을 키우고, 행동하기 전의 의도를 알아차리는 능력을 키운다.

⑥ 잡념이 떠오르면 마음속으로 '발 들고 나아가고, 뒤꿈치 닿고, 닿고'라고 말하면서 걷거나, 1부터 10까지 숫자를 헤아려도 좋다.

⑦ 집안에서도 가능하다. 20보 내외만 확보하면 된다.

⑧ 걷기명상을 하고 나면 마음이 안정되고 편안하며 머리가 맑아지는 느낌이 든다.

2. 마음챙김명상 방법

① 눈을 감고 편안한 자세로 매일 정해진 시간에 한다.

② 코끝에 마음을 집중한다. 숨이 들어오면 들어온다고 알아차리고, 숨이 나가면 나간 다고 알아차린다.

③ 자신의 의지대로 숨을 조절하려고 하지 말고 바라본다.

④ 생각이 일어나면 따라다니지도 말고 다투지도 말고 생각이 일어나는 근원지를 살핀다.

⑤ 마음이 이리저리 달아나려고 할 때 숫자를 헤아린다. 하나, 둘, 셋, 넷, 다섯까지 센 다음 거꾸로 센다. 넷, 셋, 둘, 하나.

⑥ 숨이 가쁘고 초조하다고 해서 바꾸려고 하지 말고 그대로 지켜만 보자. 명상이 잘 안 된다고 판단만 하지 말자.

⑦ 처음에는 10분 동안 하다가 점차 시간을 늘려나간다.

⑧ 명상을 꾸준히 하면 집중력과 끈기가 향상되고 몸의 저항력도 향상된다.

〈한 자의 오자도 없는 팔만대장경〉

팔만대장경은 석가모니의 가르침과 후대 불자들의 연구 성과를 집대성한 것으로, 고려시대의 것을 학술명으로 '고려대장경'이라고 하며, 조각된 판목수가 8만여 판에 달해 '8만대장경'이라고 부른다. 대장경판에 새긴 글자만 5,200만 자이고, 한 장의 두께가 4cm, 길이 기본이 70cm, 총판수가 8만 1,258개, 4톤 트럭으로 70대 분량이나 된다. 1,000여 명이 12년간에 걸쳐 목판에 새겼으나 단 한 자의 오자도 없는 것으로 유명하다. 팔만대장경에 어떤 구절이 있는지 한 구절 음미해보자.

1) 나에게 사랑스럽지 않고
   마음에 들지 않는 일은
   참으로 남에게도 사랑스럽지 않고
   마음에 들지 않는 것이다.

2) 과거로 거슬러 올라가지 말고
   미래를 바라지도 말라.
   과거는 이미 버려졌고
   미래는 아직 오지 않았다.
   그 대신 현재 일어나는 상태를 잘 관찰하라.
   정복되지 않고 흔들림 없이
   알아차리면서 수행하라.
   오늘 해야 할 일에 열중해야지
   내일 죽을지 누가 알겠는가?

3) 감정을 '나'로 여기지 말라.
  '나는 느낌이고
  느낌은 나의 것이다'라는 생각에
  사로잡힌 채 살아가지 말라.

(팔만대장경 중아함경 중에서)

5
목표성취 시 최대의 적은
자신감 부족이다

여자는 누구나 한두 군데는 아름답다.
만일 어디 한 군데도
아름답지 않은 여자가 있다면
그는 사랑받지 못하거나
사랑할 줄 모르는
여자일 것이다.
-
박완서

목표를 처음 세울 때 사람들은 흥분과 기대 속에서 목표성취를 향해
활발하게 달려나간다. 이때 자신감도 왕성해진다. 그러다가 의심과 좌절
이 고개를 들면서 부정적인 생각이 걷잡을 수 없이 뻗어나가 자신감을
떨어뜨린다. 자신감이 부족하면 안타깝게도 자신의 실력을 발휘하지 못
하고 중간에 꿈을 접어버리게 된다. 목표를 성취할 때 최대의 적은 자신
감 부족이다.

자신감이 부족한 사람은 의외로 많다. 대학에서 600명을 조사한 결

과 3/4이 자신의 가장 큰 문제점이 자신감의 결여라고 답한 연구결과도 있다. 알렉산더 토머스(Alexander Thomas/심리학자)는 "자신감의 결핍이야말로 오늘날 사회에서 가장 흔한 심리적인 병일 것이다"라고 주장한 바 있다. 자신감이 부족한 원인은 자신이 사랑받을 자격이 없고 부족한 사람이라고 생각하는 데 있다.

"만약 당신이 패배했다고 생각하면 당신은 패배한 것이다. 만약 당신이 패배하지 않았다고 생각하면 당신은 패배한 것이 아니다. 인생의 전쟁은 강한 사람이나 빠른 사람에게 항상 승리를 안겨주지 않는다. 조만간 승리하게 되는 사람은 자기가 할 수 있다고 생각하는 사람이다." 골프계의 전설 아놀드 파머(Arnold Palmer)의 말이다.

자신감이 부족한 사람은 언제나 자신의 실력을 충분히 발휘하지 못하고 자기의 능력만큼 성공도 하지 못한다. 자신감이 결여된 사람은 자기존중감도 낮다. 낮아진 자기존중감은 계속해서 자신감을 약화시킨다. 아기 시절의 자신감은 성장하면서 많은 영향을 미치게 되므로 매우 중요한데, 아기 시절의 자신감 형성에는 엄마의 역할이 크게 작용한다.

다음은 "제리의 성장일지" 중에 나온 자신감 형성 사례다.

"'따로 따로 따로' 하고 어멈이 말하면 아가는 붙잡은 손을 놓고 미소를 지으면서 혼자 일어선다. 아가의 만족 그리고 자신을 뽐내는 듯한 미소는 승리의 미소다. 옆에서 보고 있던 할아버지와 할머니 그리고 어멈과 아범은 환호의 박수를 쳐준다. 그리고 한바탕 웃는다. 아가도 따라 웃는다. 웃는 모습은 역시 백만불짜리다. '따로 따로 따로'는 한 번으로 끝나지 않고 계속 반복된다. 그리고 박수, 웃음이 온 집안을 뒤덮는다. 집안이 온통 아가 때문에 기쁘고 즐겁다."

지금 이 아기는 자신을 사랑하고 가치 있는 사람으로 성장하고 있다. 중학교 2학년으로 회장도 하고 성적도 상위권이다.

자신감 역시 일회용으로 끝날 문제가 아니라 꾸준한 훈련이 요구된다. 본인 스스로 자신감이 다소 결핍되어 있다고 판단되면 일상훈련을 통해 꾸준히 극복해야 한다. 자신감은 서로 기운을 북돋아주는 모임을 만들면 더욱 효과적일 수 있다. 타인과 교류할 때 속마음을 털어놓으면 심적으로 든든한 지지를 얻어 자신감을 되살릴 수 있기 때문이다. 자신감의 일반적인 원리는 '행동하고, 행동 속에서 교훈을 얻고, 또다시 시도하는 것'이다. 자신감을 키우기 위해서는 목표 덩어리를 작게 나누어 크든 작든 성공 경험을 많이 축적하는 수밖에 없다. 좌절이나 역경은 무조건 행동으로 극복하자.

정주영 회장은 경영자, 기술자들이 난관에 부딪혀 "어렵다", "못 하겠다"고 하면 어김없이 "이봐! 해봤어?"라고 반문했다.

자기성장훈련

1. 자신감의 성질

① 자신감은 무엇인가 성취를 이룬 후에 비로소 생긴다.

② 많은 사람들 앞에서 큰 소리로 이야기하면 자신감이 높아진다.

③ 자신의 장점을 떠올리면 자신감이 늘어난다.

④ 상대가 경청하면서 지지하면 자신감이 살아난다.

⑤ "나는 할 수 있다"라고 읊조리면서 주먹을 불끈 쥐면 자신감이 생긴다.

2. 자기실행능력을 발휘할 자신감이 어느 정도인지 자기진단을 해보자. 1~4점 척도를 사용하여 빈칸에 점수를 적는다. 솔직하게 답하자.

전혀 사실이 아니다–1점   약간 사실이다–2점

거의 사실이 아니다–3점   사실이다–4점

① 내가 열심히 노력한다면 어려운 문제를 항상 처리할 수 있다. (   )

② 누가 나를 반대할 경우 내가 원하는 것을 얻을 수단과 방법을 찾을 수 있다. (   )

③ 나에게는 목표를 붙잡고 목표를 성취하는 것이 쉽다. (   )

④ 나는 예상치 못한 사건을 효과적으로 다룰 수 있다고 확신한다. (   )

⑤ 나는 내 자원이 풍부한 덕분에 불확실한 상황을 다루는 법을 알고 있다. (   )

⑥ 필요한 노력을 투자한다면 나는 대부분의 문제를 해결할 수 있다. (   )

⑦ 나는 나의 대처능력을 믿으므로 어려움에 직면해도 평온한 마음을 유지할 수 있다.

(   )

⑧ 문제에 직면했을 때 나는 대체로 몇 가지 해결책을 찾을 수 있다. ( )

⑨ 곤경에 빠졌을 때 나는 대체로 해결책을 생각해 낼 수 있다. ( )

⑩ 대개의 경우 나는 내 앞에 닥치는 무슨 일이라도 다룰 수 있다. ( )

합계: (   )점

• 느낀 점을 적어보자(평균은 29점이다).

_____

_____

_____

_____

3. 자기 자신에 대해 어떻게 생각하는가? '나는 ……하다'로 작성하라.

① 지적능력: _____

② 사회적 유능성: _____

③ 가족역할: _____

④ 창의성: _____

⑤ 외모: _____

⑥ 성적매력: _____

사람들은 보통 이 6개 분야에서 자기부정 요소가 나타난다. 이 6개 분야에서 자기부정 요소가 나타난 사람은 이를 긍정으로 고친다. 그리고 매일 거울을 보고 6개 분야의 긍정적인 요소를 암송한다.

6개 분야는 서로 기운을 북돋아주는 '스트로크 미팅(목표실현 월례연구회)'에서 발표하게 될 것이고, "당신 최고!"라는 환호소리를 답례로 듣게 될 것이다.

4. 자신감을 향상시키기 위해 연도별로 성취경험을 기록해보자. 과거에 달성한 크고 작은 일들을 중심으로 적는다. 우선 20개 적고 매일 하나 이상 생각을 짜내어 추가로 적는다. 많을수록 좋다.

_____

_____

_____

_____

_____

_____

_____

_____

5. 주변에 자신감이 왕성한 사람 이름을 적고 그 사람의 습관이나 행동을 적어보자.

이름	행동 및 습관

6. 자신감 구호를 5회만 적어보자.

"나는 위대한 일을 할 수 있다. 나는 나 자신을 믿고 사랑한다. 나는 최고다."

_____

_____

_____

_____

_____

6
주의집중을 강화한다

전력질주하는 말은
경주마를 곁눈질하지 않는다.
다만 자신의 힘을 최대한 발휘하는 일에만
온 힘을 집중한다.

-
헨리 폰다(Henry Jaynes Fonda/영화배우)

인생의 목표를 가지고 있다는 것은 정신을 집중시킬 대상이 있다는 뜻이다. 목표가 없으면 생각이 흐트러진다. 목표는 정신적인 에너지를 집중시키기 때문에 목표를 성취하기 위한 목표실현 활동은 매우 활발한 정신집중 활동이 된다.

집중력이 부족한 사람은 목표실현 활동 자체를 어려워한다. 꾸물거리면서 일을 미루는 사람, 계획 잡기가 어려운 사람, 의사결정 등을 충동적으로 하는 사람, 항상 시간에 쫓기는 기분이 드는 사람은 집중력이 약화된 사람으로 평소에 집중력 훈련이 필요한 사람들이다. 집중력이 부족하면 시간부족 사태를 유발한다. 쓸데없이 이것저것 하다가 좋은 세월다 보내지 말고 한 번에 한 가지만 집중해서 일하고 그 이외의 것은 마음을 꺼놓는 것이 좋다. 주의를 한곳으로 집중하면 더욱 큰 성과를 얻게 된다.

현대인은 정보의 홍수 속에 주의집중력 결핍증세가 일어나고 있다. 1977년 노벨상을 받은 경제학자 허버트 사이먼(Herbert Alexander Simon/노벨경제학상)이 "정보의 풍요는 주의의 결핍으로 이어질 것이다"라고 경고한 이래 현대는 스마트폰, 이메일, 게임 등에 함몰되어버려 집중력이 점점 약화되어가고 있다. 신경을 써야 할 작은 일이 많아지면 많아질수록 주의력이 분산되어 집중력이 약화될 수밖에 없다.

집중은 어떤 일을 하겠다는 의지에서 비롯된다. 집중력이란 한 가지 대상에 주의를 기울이는 것이다. 다시 말해 하나의 생각만 선택하여 거기에 주의를 기울인다.

생각을 집중하지 않으면 5만 가지 생각이 떠올랐다가 사라지는데, 대부분 부정적이라고 한다. 앤드루 카네기(Andrew Carnegie/강철왕)는 "젊은 사람이 사업에서 실패하는 가장 큰 원인은 집중력의 결여 때문이다"라고 했다. 평소에 차분하지 않고 들떠 있다는 지적을 종종 받았다면 바로 집중력 훈련을 하는 것이 좋을 것 같다. 미국이나 유럽 등 외국인 명상인구가 계속 늘어나는 데 주목하자. 뇌는 경험에 현저하게 반응한다.

매일 수학을 훈련하면 뇌는 결국 수학을 잘하게 된다. 걱정하는 훈련을 하면 뇌는 매사에 쉽게 걱정하게 된다. 집중하는 훈련을 하면 뇌는 집중력이 좋아진다. 마치 운동을 하면 근육이 두꺼워지듯이 뇌의 일부분도 점점 조밀해지고 회백질이 점차 증가한다. 신경과학자들은 뇌에게 명상훈련을 시키면 주의력, 집중력, 스트레스 조절, 충동억제, 자기인식 등 광범위한 자기절제기술이 발전한다는 사실을 발견했다.

명상훈련을 매일 하루에 40분씩 20년 정도 한 사람을 만난 적이 있다. 단전에 집중해서 명상을 한다고 한다. 그분의 듣는 태도와 자세에서 집중력이 강함을 느낄 수 있었다. 그분은 이야기를 들을 때 마치 명상상태에 빠진 듯한 표정을 지으면서 이야기에 집중하고 있었다. 완전한 집중은 평온한 느낌과 기쁨을 덤으로 선사한다. 성공자들은 마음이 평화롭고 고요하고 즐거워지도록 노력하는 사람이다.

집중하다 보면 몰입을 경험할 수 있다. 명확한 목표가 있고 규칙이 있고 피드백이 바로 일어날 수 있는 조건이면 누구나 몰입을 경험할 수 있다. 처음 명상을 배울 때였는데, 명상을 하고 나면 기분이 이상하게 좋아지는 것을 느낄 수 있었다. 명상 지도자에게 이유를 물어보니까 열심히 계속해서 하라고만 한다. 명상훈련을 잘하고 있으니 더 이상 어떤 조언이 필요 없다는 이야기다.

외과 의사들은 수술 시 인간의 생명에 직접적으로 영향을 미치기 때문에 고도의 집중력이 필요한 직업이다. 흉부외과 의사로 다년간 많은 수술을 경험해온 내 동생 역시 수술이 잘 끝나고 나면 몰입 시 느낄 수 있는 좋은 느낌을 받는다고 한다.

의지력이 부족하다고 푸념하지 말고, 끈기가 없다고 실망하지도 말자! 의지력과 끈기와 집중력은 같은 뿌리다. 매일 집중력 훈련을 하면서 뚜렷한 목표를 가지고 목표생활을 하다 보면 고도로 정신이 집중되어 최고의 정신집중상태인 몰입에 도달하게 되어 평소의 생활이 활발하고 행복해진다. 집중력을 훈련할수록 미래에 대한 가능성은 점점 더 커진다. 목표를 달성하는 그날까지 목표만 생각하자.

지금까지 우산을 한 번도 분실해본 적이 없는 사람은 집중력이 뛰어난 사람이다. 부하직원이나 조직 분위기에서 변화의 단서를 잘 잡는 사람 역시 주의력과 집중력이 뛰어난 사람이다. 그런 사람들은 다음 장으로 건너뛰기 바란다.

자기성장훈련

1. 10분 명상: 시간을 정해놓고 편안한 자세로 앉는다. 눈을 감고 코끝에 주의를 집중한 채로 들숨, 날숨을 쉴 때 코끝에서 느껴지는 감각에 집중한다. 이때 숨이 자연스럽게 흐르도록 한다. 생각이 떠오르면 판단하지 말고 정면을 바라본다. 매일 규칙적으로 10분 정도 명상훈련을 하고 서서히 20분까지 늘린다. 10분 명상은 과학적으로 증명된 정신집중 방법이다.

   마음의 미묘한 변화는 눈에 보이지도 않고 느껴지지도 않는다. 그러나 마음의 변화는 미세한 변화가 쌓이고 쌓이면서 변한다. 하루아침에 성격이 달라지지는 않는다. 그러나 미세한 변화가 쌓이고 쌓이면 변한다. 애초에 우리의 성격은 유전 또는 학습에 의해 만들어졌다. 아기가 태어나면서부터 부모는 3년 동안 1만 번 이상 이래라 저래라 한다. 그것이 학습이 되어 하나의 큰 성격줄기를 형성한다. 명상은 미세한 변화를 유발하는 훈련이다. 매일 훈련을 하다 보면 명상의 효과를 볼 수 있다. 명상은 특히 주의력과 집중력을 향상시켜준다.

2. 집중력은 시간을 정해놓고 일정 시간 동안 오직 한 가지 대상에만 주의를 집중해도 향상된다. 평생 동안 한다고 생각하고 습관적으로 해야 한다. 일상훈련으로 하다 보면 평온한 느낌, 즐거운 느낌, 행복감을 느낄 수 있고 또래보다 활발해진다. '손잡이나 시계 등 방 안의 어떤 대상에 집중한다. 매일 규칙적으로 5분 동안 집중한다.'

3. 새로운 골목길이나 산길 등 예전에 한 번도 해보지 않은 새로운 방법을 시도하면 뇌기능이 확장되어 집중력을 유지하는 기능이 확장된다.

4. 마음이 조급해지면 집중력이 떨어진다. 이때 응급조치로 숫자를 거꾸로 헤아리면 조급증이 가라앉는다. '열, 아홉, 여덟, ……, 둘, 하나.'

*집중력훈련은 빠를수록 좋다.

7
목표실현을 가로막는 생각을 극복한다

모든 사람은 자기만의 한정된 시각으로 세계를 본다.
하지만 그 한계를 벗어난 사람도 있다.
우리는 그 대열에 들어가야 한다.
-
쇼펜하우어(Schopenhauer/독일의 근대철학자)

1) 자기제한적 신념

사물을 균형 있게 바라보는 사고의 습관이 절실하게 필요하다. 우리는 보고 싶은 것만 보고 듣고 싶은 것만 들으면서 제한된 시각으로 세상일을 판단한다. 자기제한적 신념은 사고와 행동을 위축시켜 행동을 제약하고 구속시키기 때문에 목표실현에 커다란 장애가 된다.

우리가 성공하느냐 실패하느냐는 우리를 제한하고 속박하는 마음, 다시 말하면 편견과 고정관념으로부터 얼마나 벗어날 수 있느냐에 따라 승패가 좌우된다고 해도 과언이 아니다. 우리 내부에 이러한 생각의 틀을 가지고 있으면 사물을 있는 그대로 바르게 이해하고 판별할 수 없다.

강사가 교육 중에 "여러분은 사기꾼과 강도 중에서 누구를 더 두려워하느냐?"고 질문하자, '사기꾼'이라고 답한 사람이 훨씬 많았다. 사기꾼이라고 말한 사람은 편견이 많다고 하자 청중은 웃었다. 그러나 웃을 수만은 없었다. 더불어 생각도 많아졌다.

　일주일에 한 번 국립현대미술관에 가면, 노련하고 멋있는 큐레이터(황호경)의 작품 감상 교육이 있다. 미술작품을 감상하다 보면 세월의 흐름에 따라 작품에도 많은 변화가 일어나고 있음을 알 수 있다. 백남준이나 피카소의 작품은 그나마 얌전한 편이다. 소리 지르는 작품도 있고, 어두운 방에서 음악소리가 들려오는 작품도 있고, 심지어 지린내가 나는 작품도 있다. 점 하나 찍어놓고 작품이라고 하고, 선 하나 그어놓고 작품이라고 한다. 옛날처럼 아름답고 사실적인 작품을 기대하는 것 자체가 하나의 편견이라는 사실을 뼈저리게 느끼게 되는 순간이다. 큐레이터는 작가와 마음속으로 대화하면서 작가의 작품세계로 들어가라고 주문한다. 그때부터 나의 편견, 고정관념과 싸우는 명상의 시간이 시작된다.

　우리가 가지고 있는 편견은 미술뿐 아니라 인종에 대한 편견, 종교·지역·학교에 대한 편견, 재능·능력·기술·지능에 대한 편견 등 이루 헤아릴 수 없이 많다. 편견을 없애는 것이 얼마나 어려우면 아인슈타인은 "편견을 깨느니보다 원자핵 하나를 쪼개는 게 더 쉽다"고 말했을까? 생각의 폭을 넓히는 것이 그만큼 어렵다는 이야기다.

　성공하는 사람은 자기제한적 신념을 극복한 사람이다. 운동선수들은 부정적 사고가 활개 치지 못하도록 시합 당일 '시각화 훈련'을 한다. 목표생활을 하고 있는 사람들도 부정적 사고를 극복하기 위해 아침에 목표성취와 관련된 '이미지트레이닝'을 하도록 권장하고 있다.

2) 확증편향으로 후회를 위로한다

목표생활을 하다 보면 의사결정할 일도 많아진다. 이때 잘못 판단하면 목표생활을 포기하게 된다. 그중의 하나가 확증편향에 의한 것이다. 사람이 살아가면서 가장 후회스러운 일은 하고 싶었지만 하지 못한 일이다. 사람들은 자신이 믿고 싶은 증거만 수집하려는 확증편향을 갖고 후회의 상념을 삭히면서 마음을 위로한다.

사람은 믿고 싶은 사실만 믿고, 믿고 싶지 않은 사실은 무시하는 심리를 갖고 있는데 이를 '확증편향'이라고 한다. 이는 개인의 선입관에 근거한 관찰과 증거만을 모아 자신의 고정관념을 강화시키는 것으로, 합리적이고 이성적인 판단을 불가능하게 한다. 확증된 편향을 가지고 증거자료를 중심으로 의사결정을 하게 되면 실수할 가능성이 많아진다.

"인간은 합리적 존재가 아니라 자신을 합리화하는 존재"라는 레온 페스팅거(Leon Festinger/미국의 사회심리학자)의 말은 이를 잘 뒷받침하고 있다. 개인이든 조직이든 확증편향이 심해지면 소통에 장애가 일어난다. 조직이 확증편향의 오류를 피하고 싶다면 다양한 의견을 가진 유연한 인재를 채용해야 한다.

일단 소비자의 마음속에 확증편향이 형성되면 매우 빠르게 전파되기 때문에 소비자의 확증편향을 제거할 수 있어야 오해가 사라진다. 이성적인 논리로서의 설득은 효과가 적다.

책보다는 흑백논리를 부추기는 영상물을 많이 접하는 현대인은 왜곡된 판단을 하지 않을 수 없는 환경에 처해 있다. 확증편향은 사회문제로 비화될 우려가 높기 때문에 의심을 떨쳐내도록 객관적인 정보를 빠르게 꾸준히 제공해야 한다.

3) 낙관성도 부정적인 측면이 있다

낙관성은 좌절이나 역경을 극복하면서 목표를 달성하고자 하는 긍정적인 측면이 있는 반면 위험을 경시하는 부정적인 측면도 있다. 대니얼 카너먼(Daniel Kahneman/심리학자로 노벨경제학상 수상)은 "낙관적인 기질을 가지고 있다면 감사하는 동시에 조심하라"고 했다. 낙관적인 경영자들은 미래를 긍정적으로만 예측하고, 낙관적인 투자자들은 자신은 손해를 덜 볼 것이라고 예측한다. 낙관적인 자영업자는 사업에 실패할 가능성을 낮게 보는 경향이 있다.

바인슈타인(Weinstein)은 "낙관적 편견이란 자기 자신과 비슷한 조건을 가진 타인에 비해 위험에 부딪칠 가능성이 적다고 생각하는 경향을 말한다"고 했다. 낙관적인 투자자는 위험을 예측하는 자신의 능력을 과대평가하여 상장 폐지될 위험에 처한 주식을 갖고 있더라도 앞으로 큰 수익을 갖다줄 것을 기대하며 위험을 무시해버린다.

낙관적 편견에 영향을 미치는 요인으로는 자기효능감, 절실함, 사회적 책임성이다. 자기효능감이 높은 사람은 자신의 실패를 외부요인으로 돌리는 한편, 자기효능감이 낮은 사람은 자신의 실패를 능력 부족에 원인을 돌린다. 절실함 정도에 따라 낙관적 편견에 차이를 보이고, 사회 공익적인 측면의 목표에 대한 달성 가능성을 예측할 때 가까운 미래보다 먼 미래를 더 낙관적으로 예측할 가능성이 높다. 낙관적인 사람은 낙관적인 편견에 조심해야 한다.

4) 습관적으로 사용하는 왜곡된 사고

당신의 미래는 지금 여기서 어떻게 생각하느냐에 달려 있다. 실패는 대부분 스스로 한계라고 느끼고 포기했을 때 찾아온다. 수없이 여자에게 딱지를 맞은 사람이 자기는 여자들에게 워낙 인기가 없으니까 또 딱지를 맞을 것이라고 생각하면서 미팅 장소에 나간다면 결과는 뻔하다.

좌절이나 역경에 부딪쳤을 때 스스로에게 부정적으로 말하는 태도를 바꾸어나가야 한다. 우리의 사고를 왜곡시키는 것 중에는 좌절이나 역경에 처하면 습관적으로 사용하는 부정적 언어 패턴이 있다. 어떤 좌절이나 역경상황을 접하면 순간적으로 머릿속에 획 지나가는 생각(자동사고)이 있는데, 이 생각이 긍정적이나 부정적이냐에 따라 삶의 방향이 결정된다.

부정적인 사고의 패턴에는 보통 9가지가 있어 자신이 어떤 종류의 사고 패턴을 즐겨 사용하고 있는지 이해하면 순간적으로 떠오르는 불합리한 사고를 합리적인 사고로 고쳐 사용할 수 있어 목표생활을 중단하게 되는 사태를 미연에 방지할 수 있다. 우리의 습관적인 사고 패턴에는 과잉일반화, 이분법적 사고, 당위적 사고 등 9가지가 있는데, 이러한 습관적인 사고의 패턴이 우리의 감정을 부정적으로 만들고 불합리한 행동의 원인이 되게 한다. 역경에 대해 습관적으로 갖는 생각을 바꾸면 역경에 대한 반응도 서서히 변화가 온다.

(1) 과잉일반화

한두 가지 사건을 보고 나서 어떠한 증거도 없이 그것을 확대해석하여 삶을 제한하고 위축시키는 것을 말한다. 대화 시 '모든, 언제나, 항상, 결코' 같은 말을 자주 사용하고 있다면 과잉일반화일 가능성이 높다.

예 저 사람은 항상 지각한다.

(2) 낙인찍기

자신의 지능이나 외모, 대인관계, 업무능력에 대해 부정적인 말을 반복적으로 사용하고 있다면 낙인찍기를 하고 있다고 봐야 한다. 사람은 항상 변하는데 보수나 진보로 상대의 이미지를 고정시키면 잘못된 판단을 하게 된다.

예 나는 바보다. 나는 등신이다.

(3) 여과하기

저녁식사를 유쾌하게 잘했는데, 실수로 물을 엎질러 옆 사람의 바지에 물이 좀 튀었다. 이때 실수한 것에 집착하여 전체를 다 부정적으로 본다면 '여과하기'를 하고 있는 것이다.

예 입사 면접시험을 본 후 한 가지 실수한 것에 집착하여 망쳤다고 생각한다.

(4) 이분법적 사고

흑백논리를 말한다. 모든 사물을 흑과 백으로 나누어 중간을 허용하지 않고 생각하는 것을 말한다. '실패하면 끝장이야'라고 생각하지 말고 몇 % 실패했다고 생각해야 한다. 예스맨을 선호하거나, 부하직원을 마음에 들지 않는 부하와 마음에 드는 부하로 나누는 상관은 이분법적 사고를 하는 사람이다.

예 단 한 번 실수한 것을 가지고 자신을 나쁜 사람이라고 단정한다.

(5) 자책

실제로 잘했는지 잘못했는지 따져보지 않고 모두 자기 잘못이라고 자기 자신을 꾸짖는다.

예 상대가 물을 엎질러도 죄송하다고 한다.

(6) 개인화하기

세상에서 일어나는 모든 것이 자기와 관련된 것처럼 생각하는 사고방식을 말한다.

예 사람들이 수군거리면 꼭 자신을 흉보는 것 같다.

(7) 지레짐작하기

모든 사람이 자신과 똑같다고 생각하는 왜곡된 사고방식이다. 상대방의 마음을 단정해버리는 것은 위험하다.

예 상관이 인상을 쓰면 자신에게 화가 나 있는 것으로 단정한다. 사실은 어제 먹은 술 때문에 괴로워하고 있는 중이다.

(8) 당위적 사고

'······해야 한다'는 사고방식으로 유연한 판단을 할 수 없다. 자신에게는 분노를, 타인에게는 좌절감을 일으키게 한다.

예 말끝마다 "정직해야 한다. 정직하지 않으면 안 돼!"라고 말한다.

(9) 감정적 판단

자신의 느낌을 하나의 사실로 간주하는 사고방식이다.

예 내가 이렇게 느끼는 것을 보니 틀림없다.

1. 9가지 습관적인 사고의 패턴 중 자신이 즐겨 사용하는 패턴의 이름을 적고 사례도 적어보자.

_____

_____

_____

2. 다음 사례는 어떤 사고의 패턴을 설명한 것이다. 빈칸에 9가지 습관적인 사고의 패턴 중 하나를 골라 적어넣어라.

① 중고차를 고를 때 느낌이 좋다면서 구입한다. (_____)

② 이 일에 실패했으니 다른 일에도 실패할 거야. (_____)

③ 최고가 아니면 사람들의 관심도 받지 못해! (_____)

④ 자신의 나쁜 점만 떠올리면서 자신을 쓸모없는 사람이라고 생각한다.

(_____)

⑤ 살아가는 데는 오직 한 길만이 있다. (_____)

3. 어떤 사건이나 상황으로 인해 기분이 나빠졌다면 다음과 같이 훈련하여 생각을 바꾸는 연습을 할 수 있다.

A: 부정적인 감정을 일으킨 상황을 최대한 객관적으로 적는다.

_____

C: 불안, 우울, 분노 등과 같은 부정적인 감정을 적는다.

_____

B: (C의 부정적인 감정은 A와 같은 상황을 접했을 때 순간적으로 휙 지나가는 자동사고 내용에 따라 달라진다.) 자동사고 내용을 적은 후 그 내용이 어떤 습관적인 사고 패턴을 가지고 있는지 적는다.

_____

_____

D: 자동사고에 인지오류가 있다면 이를 합리적인 사고로 고쳐 적는다.

_____

_____

(연습할 때는 부정적인 감정이 일어날 때마다 생각을 바꾸는 연습을 한다. C를 먼저 적고 다음에 A, B, D의 순서로 적는다.)

8
세상에서 가장 무서운 시간도둑

돈은 은행에 저축할 수 있으나
시간은 장래를 위해 저축할 수 없다.
돈은 필요하면 남에게 빌려 쓸 수 있으나
시간은 그럴 수 없다.
잃어버린 돈은 또다시 벌 수 있으나
한번 지나가버린 시간은 영원히 다시 찾을 수 없다.
-
탈무드

　　새벽 첫차의 차안 분위기가 궁금하여 5시에 일어나 엊저녁에 준비해놓은 영어단어장을 가지고 전철역으로 갔다. 길거리에 다니는 사람은 안 보였고 가로등만 환하게 밝았다. 아직 첫차가 오려면 15분은 기다려야 할 것 같아 커피 한잔 뽑아놓고 영어단어 공부를 시작했다.

　　첫차라 승객이 전혀 없을 줄 알았는데 사람들로 꽉 차 있었다. 여자들도 약 10% 정도 되는 것 같고 노인석도 꽉 차 있었다. 학생들은 아닌 것 같고 일하러 가는 사람들인 것 같았다. 참으로 부지런한 사람들이다. 여유보다는 다소 긴장된 표정들이다. 사당역에서 내려 반대 방향인 오이

도로 가는 전철을 기다렸다. 오이도로 가는 첫차는 한참 있다가 도착했다. 외국인 10여 명이 우르르 내렸다. 전철 안은 역시 서서 가는 사람들이 있을 정도로 승객이 많았다.

상쾌한 아침이었다. 시간을 처음 벌어봤다. 너무나 여유롭게 일과가 시작되었다. 그동안 많은 시간을 허비했으니 별도의 시간을 벌어야 하지 않을까? 방법은 새벽 5시에 일어나는 것이다.

사람에게는 '생체시간'이라는 것이 있다. 아인슈타인은 "상냥한 여자와 함께 보내는 2시간은 2분처럼 느껴지고, 뜨거운 난로 위에서의 2분은 2시간처럼 느껴진다"며 상황에 따라 달라지는 생체시간을 언급했다. 우리가 시간신호에 몰두하고 있으면 몇 초도 길게 느껴지지만, 어떤 일에 몰두하고 있으면 흘러가는 시간이 다르게 느껴진다.

생체시간에 관한 유명한 실험이 있다. '시프레의 동굴 실험'으로, 120m 깊이의 빛이 하나도 없는 동굴 속에서 생활하는 실험이다. 동굴 속은 낮과 밤이 의미가 없었고 오직 생물학적 시계만 존재한다는 실험이다. 그 속에서 생활하다가 다시 밝은 세상으로 나왔을 때 25일이라는 시간이 없어진 것을 알고 깜짝 놀랐다고 한다.

지금까지 살아오면서 낭비한 시간을 계산하면 끔찍한 결과가 나올 것 같다. 술 먹으면서, 멍하니 있으면서, 걱정만 하면서, 일을 미루고 게으름을 피우고 등등 이런저런 것을 다 합하면 끔찍할 만큼 시간이 낭비되었을 것 같다. 시간이 소중한 것이고, 시간이 무한정 있는 것도 아니라고 느끼는 바로 그 순간이 시간관리를 시작할 때다.

시간관리는 가장 먼저 시간도둑을 잡아내는 일부터 시작된다. 하루의 시간을 어떻게 사용했는지 분석해보면 시간도둑이 너무나 제멋대로 활개 치도록 방치했다는 생각이 들 것이다. 지금부터라도 시간을 낭비하지 않고 효율적으로 사용한다면 그동안 낭비했던 시간을 어느 정도 보충할 수 있지 않을까?

시간을 효율적으로 쓸 수 있는 여러 가지 방법을 모색해보자. 시간관리는 목표로부터 시작된다. 우선 목표가 없으면 시간의 중요성을 깨닫지 못한다. 일일 행동목표를 정하지 않으면 시간이 도망간다. 15분 또는 30분 단위로 해야 할 일들에 대한 계획을 세우면 미리 결과를 예측하지 않은 사람들보다 거의 10배에 가까운 성과를 낼 수 있다. 나태한 생활을 청산하고 바쁘게 살고 싶다면 '15분 계획'을 짜보자. 친구 아들은 고교시절 15분 계획을 세우면서 학창시절을 보냈다. 지금은 과학자가 되어 국가 발전에 기여하고 있다.

시간표는 삶을 균형 있게 해주는 훌륭한 도구다. 그러나 시간관리 자체가 스트레스가 되는 사람은 시간표를 짤 때 여유시간을 충분히 포함시켰는지 확인하기 바란다.

마더 테레사는 새벽 4시 30분에 일어나 기도와 묵상을 하는 것으로 일과를 시작한다. 아침 7시 30분에 가장 가난한 사람을 만나러 나간다. 성경도 읽고 수업도 받는다. 저녁 7시 30분에 식사를 하고 그 다음날 할 일을 준비한다. 저녁 8시 30분부터 9시까지 휴식시간도 있다.

『세상은 넓고 할 일은 많다』의 저자 김우중 회장은 새벽 5시에 기상하여 출근하면서 식사도 해결하고 수염도 깎는다. 퇴근은 11시에 한다. 잠자는 시간은 평균 4~5시간이고, 차 안에서 새우잠을 자기로 유명하다. 성취하고 난 다음에 그 무엇과도 바꿀 수 없는 뿌듯한 행복감 때문에 열심히 일했다고 한다.

근무시간 전에 할 일을 적고, 15분 자투리 시간을 활용하는 방안도 생각하고, 여러 가지 행동을 묶어서 진행하면 그만큼 효율성은 올라간다.

전업주부도 출근시간과 퇴근시간을 정해놓으면서 시간을 관리할 수 있다. 밤에 잠들기 전에 그날 하루를 돌아보면서 반성은 조금만 하고 좋았던 일을 생각하면 기분 좋은 잠자리가 될 것이다. 몇 시간을 자든 숙면을 취하고, 낮에 피곤하면 5분이나 10분 정도 짧은 잠을 자면 다시 맑은 머리로 일상 활동을 할 수 있다.

시간을 낭비한다면 시간은 아무 의미가 없다. 아침에 눈을 뜬 최초의 순간부터 시간을 창조적으로 사용해야 한다. 눈을 뜬 바로 그 순간에 자신의 구호, 예를 들면 '나는 위대한 일을 할 수 있다!'라고 마음속으로 외치면서 결의를 다지고, 하루의 계획을 세우면서 더 나은 하루를 준비해야 한다. 아침에는 되도록 중요한 일을 한다.

승자들은 예외 없이 시간을 철저하게 관리한 사람들이다. 미국 하버드 대학교의 리처드 라이트(Richard J. Light) 교수는 15년간 1,600명의 대학생을 인터뷰한 결과 공부를 잘하는 사람은 예외 없이 철저하게 시간관리를 잘하고 있었다고 한다. 사람들의 능력 차이는 하루 시간을 어떻게 효율적으로 쓰고 절약하느냐에 달려 있다.

1. 자투리 시간(15분)의 활용 방안을 생각하라. 자투리 시간에 무엇을 할
   것인지 정해두면 낭비하는 시간을 줄일 수 있다.

   _____

   _____

2. 일과 중 단순 반복적인 일을 파악하여 효율적으로 처리할 수 있도록
   방안을 강구하라.

   _____

   _____

3. 하루의 잠자는 시간을 체크해보자. 일주일 동안 밤에 잠자는 시간, 낮
   잠 자는 시간, 멍하니 있는 비몽사몽 시간도 포함하여 전체 몇 시간을
   자는지 체크해보자.

   • 일주일 합계 (   )시간, 일일 평균 (   )시간
   • 느낀 점

   _____

   _____

   _____

   _____

4. 시간의 생산성을 검토해보자. 오전 일과 전에 무엇을 하는지, 퇴근 후 시간 활용방안, 출퇴근 시 시간 활용방안 또는 시간관리에 대한 자신만의 노하우를 적어라.

예 다음날 준비를 미리 해둔다. 자기 전에 책을 읽는다.

_____

_____

_____

_____

〈회원 코너〉

구구절절 공감하는 바입니다. 저 역시 일상에서 그와 같은 생각을 하며 생활하고 있습니다. 어떤 결과를 얻을지 예측할 수는 없지만 시간의 중요성은 더 말하여 뭐 하겠습니까? 저 역시 새벽 5시 10분 전에 일어납니다. 7시 반까지 제법 꽉 찬 일과를 진행하고 있지요. 7시 반 이후 30분 정도 아내와 나의 건강을 위해 건강음료를 만들어 나눠 마시고, 다시 8시부터 9시 반까지 제 일과를 진행하고 식사 후 10시부터 다시 제 일과를 하는 데 시간을 보낸답니다. 일과 진행 역시 힘이 뒷받침되어야겠구나 생각해봅니다. 가장 효과적인 에너지가 발산되는 아침 시간에 중요한 일과를 배정하여 진행한답니다. 항상 열심히 하시는 모습과 무언가 후학들에게 용기가 될 내용을 연구하시어 노력하시는 모습에 존경을 올립니다.

– 최종소 화백

〈TIP-시간전망〉

50대에 실직하면 난감한 일이 한두 가지가 아니다. 특히 집안에서 가장 으로서의 체면이 말이 아니다. 하루는 후배가 집안에서 찬밥신세가 되었다고 고민을 털어놓았다. 이야기인즉 집안에 뒹굴고 있는 것이 꼴 보기 싫다며 아내가 제발 바깥공기라도 쐬고 오라고 하면서 내쫓는다는 것이다. 한참 생각하다가 그 후배에게 앞으로의 비전을 아내에게 이야기해주라고 조언했다.

형무소 소장에 의하면 무기징역수와 사형수는 생활태도가 매우 다른 것을 볼 수 있다고 한다. 사형수는 뉘우치고 공포에 떨고 참회도 하면서 글이나 그림에 몰입하기도 하며, 무엇인가 자신의 흔적을 남기고 싶어서 필사적이라고 한다. 반면, 무기징역수는 멍하니 넋을 잃고 있는 경우가 많다고 한다. 영원히 갇혀 있어야 할지도 모른다는 시간의 길이가 그렇게 만들고 있는 것 같다고 한다.

파더(Farther, 1944)는 형무소에 수감된 죄수는 현재의 복역에서 느끼는 불쾌감보다 향후 5년 후 출감할 때 자기 자신의 모습을 그리면서 더욱 우울증에 빠진다는 유명한 연구를 했다.

나이 차이를 빼면 청년, 중년, 노인 이 세 그룹을 구분하는 것은 평소 어떤 얘기를 하느냐에 달려 있다. 과거를 얘기하면 노인이요, 미래를 꿈꾸면 그가 바로 청년이다. 나이 70이 넘었어도 우리나라 생명공학의 장래에 대해 이야기하고 우주여행을 꿈꾸고 있다면 그가 청년이다.

사람들은 '시간전망(time perspective)'을 갖는다. 여기에 입각해서 심리적 과거, 심리적 현재 그리고 심리적 미래가 만들어지며 각 개인이 현재 갖는 기분, 적극성, 성취동기 등에 영향을 미친다. 즉, 심리적 과거는 개인이 갖는 죄의식과 관계되고 심리적 미래는 희망이나 장래의 계획수립과 직접적인 관계를 갖는다.

과거에 대한 시간전망을 갖고 있는 사람은 그때의 사건이나 상황과 관련된 생각을 반복해서 이야기한다. 마치 소가 여물을 되씹어 먹듯이 과거를 반추하고 있어 기분이 엉망이 된다.

근무의욕이 떨어지고 불만이 많은 사람은 조직에서 바람직하지 못한 분위기를 만든다. 이때 리더는 그가 심리적인 과거, 현재 그리고 미래 어디에 자신의 관심을 두고 있는가를 파악해야 문제해결이 가능하다. 즉 장래에 이 회사가 희망이 없다고 판단하는 경우에는 여기에 대한 전망을 설명해주는 것이 효과적이고, 현재 직무가 불만족스러우면 이것에 대한 대책을 강구하는 것이 문제를 해결하는 방법이다. 개인의 시간전망에 따라 문제를 해결해주면 이직을 막고 근무 분위기를 활성화시켜준다.

9
꾸물거림
(procrastination)

오늘 식사는 내일로 미루지 않으면서
오늘 할 일은 내일로 미루는 사람이 많다.
-
카를 힐티(Carl Hilty/스위스의 법률가)

꾸물거림은 어떤 일이나 과제를 매듭짓지 않고 미루는 것을 말한다. 꾸물거리는 것은 고쳐야 한다. 꾸물거림이 약한 사람도 있고 뚜렷한 사람도 있으나, 꾸물거리는 특성이 있다고 판단되면 고쳐야 한다. 꾸물거리면서 세월을 낭비할 필요는 없다. 꾸물거리는 습관이 있으면 모든 면에서 성적이 떨어진다. 시간관리를 잘 못하는 사람일수록 일을 피하기 위해 미루기를 선택한다. 과거에 게으름을 피우거나 꾸물거린 적이 있었느냐고 물어보면 많은 사람이 그렇다고 대답한다.

솔로몬(Solomon)은 "과제를 마감시간까지 불필요하게 계속 미루는 현상"을 '꾸물거리는 것'이라고 했다. 세금을 내거나, 설거지를 하거나, 아침에 일어날 때 꾸물거리기도 하고, 학창 시절에 꾸물거리다가 방학숙

제인 일기를 한꺼번에 몰아서 쓰기도 하고, 리포트 제출을 항상 미루다가 마감시간이 지난 다음에 제출하기도 한다. 상관을 골탕 먹이려고 꾸물거리는 사람도 있고, 뭔가 하고 싶은 의욕이 일어나지 않아서 꾸물대는 사람도 있다. 왜 그런지 항상 꾸물거리다가 약속 시간에 늦는다고 이야기하는 사람도 있다.

미루는 습관을 연구해온 제시 해리엇(Jesse Harriot/심리학자)은 20% 정도의 사람들이 다양한 형태의 미루는 습관으로 인해 고민에 빠져 있을 것으로 추정하고 있다. 꾸물거림의 일종인 게으름은 시간을 낭비하고 삶을 허비하는 최대의 적이다. 게으름은 자존감이 낮고 의존심이 많은 사람에게 나타나고, 완벽성 그리고 우울, 불안과 깊은 관계가 있기 때문에 반드시 자기변화가 뒷받침되어야 한다.

마하트마 간디(Mahatma Gandhi/정치인)는 "게으름은 즐겁지만 괴로운 상태다"라고 게으름의 본질을 이야기했다. 일반적으로 게으름을 피우거나 미루는 습관은 부모에 대한 반항심, 실패에 대한 두려움, 해야 할 일에 대한 열의 부족, 또는 마감일이 임박해야 더 잘된다고 하는 잘못된 신념 등이 원인이 된다. 그런데 꾸물거리는 사람은 한결같이 마음이 편치가 않다는 공통점이 있다. 자기혐오감이 심하고 죄책감에 빠져 있는 사람들 중에는 걱정, 두려움, 짜증 같은 안 좋은 감정을 없애는 방편으로 게으름을 사용하기도 한다.

어렸을 때 학교에서 숙제를 내주면 한 번도 제대로 한 적이 없었던 친구가 있었다. 학교에 가서 옆 사람 것을 베끼거나 아니면 벌을 섰다고 한다. 물론 어른들은 몰랐다고 한다. 부모들은 자라나는 아이들이 꾸물거리거나 게으름을 피울 때는 하나의 습성이나 천성으로 보지 말고 반드시 그 이유를 찾아 고쳐주어야 한다. 완벽주의적인 아이일수록 공부를 하거나 숙제를 할 때 꾸물거리거나 스트레스가 높다. 방관적인 부모에 대한 반항의 표시로 꾸물거리기도 하고, 윗사람에게 항의 표시로 꾸물거릴 수도 있다.

게으른 사람은 입버릇처럼 "언젠가는 해야지", "나도 저렇게 할 수 있는데 할 시간이 없어"라고 말한다. 꿈을 실현시키기 위해서는 삶의 방향을 뚜렷하게 하여 의욕이 일어나게끔 목표생활을 하는 것이 중요하나, 게으름을 유발하는 요인이 우리 마음속에 있는 한 게으름은 목표 성취를 방해하게 될 것이다.

꾸물거림을 변화시키기 위한 방법은 행동, 인지, 정서적인 특징에 따라 몇 가지 방법이 있다. 만약 완벽주의적인 성향이 있다면 지금부터 '어제 한 일 중 잘한 일을 3가지 이상 적어보는 것'이 중요하다. 왜냐하면 완벽주의적인 성향은 자기 스스로의 칭찬이 중요하기 때문이다. 완벽주의적인 성향 하나만 변화시켜도 인생을 지금보다 풍요롭게 만들 수 있다. 또한 우울이나 시험불안 같은 경향이 있으면 평소에 합리적인 사고 연습을 통해 꾸물거림이 만성적인 습관으로 이어지는 것을 차단시킬 수 있다.

마라톤 선수는 최종목표를 생각하면서 달리지 않는다. 항상 중간목표를 정해놓고 달린다. 따라서 과제나 일을 관리할 때도 중간단계를 설정해놓으면 꾸물거림을 완화시킬 수 있을 것이다.

1. 게으름은 여러 가지 타입이 있다. 다음 중 어느 항목과 비슷한지 선택하여 괄호 안에 ✔ 표시를 하라.

① 그러지 말아야 한다는 것을 알면서도 해야 할 일을 미루며 이로 인해 죄책감을 느낀다. (   )

② 스트레스와 불안감을 피하기 위해 해야 할 일을 최대한 미루려는 타입 (   )

③ 큰일은 내버려두고 작은 일에 시간을 낭비하는 타입으로, 해야 할 일이 많을 경우 우선순위를 정하는 데 어려움을 느낀다. (   )

④ 자신이 실수하거나 실패할지 모른다는 생각 때문에 일을 착수하기가 어려워 자꾸 뒤로 미룬다. (   )

⑤ 자신의 감정을 솔직하게 말하거나 'No'라고 말하기 어려워 의도적으로 뒤로 미룬다. (   )

⑥ 너무 많은 일을 떠맡아 스트레스를 받으면 손 하나 까딱하지 않는다. (   )

⑦ 항상 느긋하다. 내일 제출할 과제물이 있어도 TV만 본다. (   )

• 그동안 게으름이나 꾸물거림을 어떻게 극복해왔는지 아래에 그 방법을 기술하라.

_____

_____

_____

_____

_____

2. 지금까지 미루어 왔던 일을 5가지만 적어보자. 그리고 이번 주에 완료
   할 수 있도록 행동단위를 잘게 쪼개서 행동계획을 세우고 그중 하나는
   당장 실시하자.

   _____

   _____

   _____

3. 완벽성은 자신의 부족한 점에 집중하기 때문에 자기 스스로 잘할 수
   있다는 믿음과 자각이 필요하다. 매일 저녁 자기가 한 일 중 잘한 일을
   3가지 이상 적어보는 것이 큰 도움이 될 것이다.

   1) _____

   _____

   2) _____

   _____

   3) _____

   _____

10
자존감은 목표실현의 기둥이다

목표 성취를 위해 도전하려면 좌절과 역경을 극복하고, 능력을 극대화시키면서 일상훈련을 통해 자신의 부족한 점을 변화시켜야 한다. 사람들은 목표를 성취하고자 할 때 대개 자신을 바꾸지 않아도 목표를 이룰 수 있다고 생각하는 안이한 환상에 젖어 있다. 그러나 일상훈련 없이는 자기의 변화를 이뤄낼 수 없고, 자기의 변화 없이 목표실현은 어렵다는 것이 최근에 실시한 '2025 목표실현 프로젝트'에서도 확인되었다. 마치 걷기운동이 몸에 좋은 것을 알고 있지만 운동하는 사람이 그렇게 많지 않은 이유와 비슷하다고 하겠다. 일상적으로 훈련하지 않으면 변하지 않으며, 변화가 없으면 '8% 성공'의 굴레를 벗어날 수 없다.

아는 것이 많으면 하고 싶은 것도 많고 먹고 싶은 것도 많다고 하나 자존감이 낮으면 목표실현 자체가 어렵다. 우리의 지식은 필요하면 인터넷이나 도서관에서 습득할 수 있다. 그러나 자기변화를 위한 일상훈련은 지금 바로 시작해야 한다.

사람들의 능력이 비슷하고 건강조건 등이 비슷하다고 했을 때 성과에 영향을 미치는 것은 동기이고, 동기를 유발하는 열쇠가 바로 자존감이다. 현 시대가 요구하는 덕목은 혁신, 자기신뢰, 창의성, 책임감, 의사결정에 관한 능력인데 이러한 요소들은 자존감이 높은 사람들의 특징이기도 하다. 목표가 있으면 삶에 활력을 불어넣어주고 성취의 기쁨을 맛보게 해주는데, 그 목표를 실현시키는 원동력이 바로 자존감이다. 자존감이 낮으면 자신감도 약화되어 좌절이나 역경을 극복하지 못하고 목표실현을 쉽게 포기한다. 또한 자존감이 낮으면 스스로 생각에 한계를 긋기 때문에 더 이상 앞으로 나아가지 못하게 한다.

'자존감'이라는 용어는 1890년대에 윌리엄 제임스(William James/심리학자)가 처음 사용했고, 사전에는 "자신이 사랑받을 만한 가치가 있는 소중한 존재이고, 어떤 성과를 이뤄낼 만한 유능한 사람이라고 믿는 마음으로, 주관적인 느낌을 말한다"고 정의되어 있다. 자존감의 핵심은 자기존중감과 자기효능감으로 이뤄져 있다. 자기존중감은 자신의 가치에 대한 확신 정도를 말하는 것이고, 자기효능감은 삶의 도전에 직면했을 때 필요한 자기 능력에 대한 기본적인 믿음을 말한다.

주변에 매우 심하게 "I'm not ok"를 입에 달고 지내는 사람이 있다. 끊임없이 자기비난을 하는 사람이다. 자신이 원하는 것을 상대에게 요구하지도 못하고 자존감도 낮다. 노트를 한 권 사서 과거를 떠올릴 때마다 성취감과 자신감을 느낄 수 있는 좋은 추억을 매일 한 가지씩 적고 평소에 '잘한 일 3가지와 감사한 일 3가지'를 적으면 자기비난도 줄어들 것이고 자존감이 향상이 될 것이라고 말해주었다.

자존감이 낮은 사람은 그냥 지나칠 수 있는 험담인데도 불구하고 화가 치밀어 오르거나 섭섭하게 느끼는 사람이다. 자존감이 약한 사람은 버스 운전기사가 내뱉은 한마디에 기분이 나빠지거나 화가 나서 맞서 싸우기도 한다. 그러나 자존감이 높은 사람은 '운전기사가 아침에 무슨 안 좋은 일이 있는 모양이지'라고 생각한다.

책임을 회피할수록 자존감은 떨어진다. 자존감이 낮으면 도전을 피하고, 실패했을 때 쏟아질 비난을 두려워하며, 다른 사람에게 무능하게 보일까 봐 두려워한다. 자존감이 낮은 사람은 자신의 생각을 제대로 표현하지 못하고, 남의 눈에 띄는 것을 싫어한다. 항상 다른 사람과 자신을 비교하고, 자신의 소중함을 깨닫지 못한다. 어렸을 때 형성된 자존감은 성장함에 따라 성장하기도 하고 퇴보하기도 하나 적극적으로 인생을 살면 자존감이 향상된다.

미국의 화장품 전설 에스티 로더(Estée Lauder)는 "세상에 못생긴 여성은 없다. 용모에 신경을 쓰지 않거나 자신이 아름답다고 느끼지 않는 여성만이 흉하게 보인다"면서 아름다움은 태도에서 나온다고 강조했다. 신체적 조건이나 심리적 특성을 비판 없이 있는 그대로 수용하고, 자신의 행동과 목표실현에 대한 책임을 지고, 자기 자신을 존중하고, 우연의 삶이 아닌 목적의식이 있는 삶을 살아갈 때 자존감은 향상된다. 인간의 삶 자체가 순탄하지가 않다. 여러 가지 장애와 역경이 도사리고 있어 이를 극복해야 목표실현도 가능하다.

지금까지 목표실현을 방해하는 요인으로 '결심을 방해하는 두려움, 끈기의 부족, 자신감의 부족, 시간의 낭비'를, 성장 발전시켜야 하는 요인으로 '강점의 실현, 진실로 원하는 목표의 설정, 집중력의 향상, 자기제한적 신념의 극복' 그리고 마지막으로 '자존감'을 검토했다. 이러한 요인들로 인해 목표실현에 참가한 사람 중 거의 90%가 목표생활 도중에 탈락했다. 이들 요인에 대한 인식의 변화와 함께 자기 훈련으로 부족한 점을 극복하고 성장시켜야 목표실현에 다가갈 수 있다.

자기성장훈련

1. 자기진단

전반적인 자존감 측정에서 가장 광범위하게 사용되는 Rosenberg의 자존감척도로 자존감이 어느 정도 수준인지 자기진단을 하자.

전적으로 동의한다–3점   동의한다–2점

동의하지 않는다–1점   전혀 동의하지 않는다–0점

① 나는 내가 적어도 다른 사람과 같은 수준으로 가치 있는 사람이라고 느낀다. (   )

② 나는 내가 강점을 많이 가지고 있다고 느낀다. (   )

③ 대체적으로 나는 내가 실패자라고 느끼는 경향이 있다. (   )

④ 나는 대부분의 사람만큼 일할 수 있다. (   )

⑤ 나는 나 자신이 자랑스럽게 여길 만한 것들이 그다지 없다. (   )

⑥ 나는 나 자신에 대해서 긍정적인 태도를 가진다. (   )

⑦ 전체적으로 나는 나 자신에 대해 만족한다. (   )

⑧ 나에 대해서 더 많은 존경심을 가질 수 있기를 바란다.(   )

⑨ 나는 때때로 무용지물임에 틀림없다고 느낀다.(   )

⑩ 때때로 능숙하지 않다고 느낀다. (   )

* 3번, 5번, 8번, 9번, 10번은 역으로 계산한다(0이라고 했으면 3으로, 1은 2, 2는 1, 3은 0으로 계산한다).

* 자료참조 "긍정심리평가"

합계: (   )점

• 느낀 점

_____

_____

_____

2. 샤워할 때 거울 앞에 서서 '나는 나의 단점이 무엇이든 받아들일 거야'
라고 2분 동안 마음속으로 주문을 건 다음, 슬로건이나 좌우명을 반복
해서 외친다.

예 '나는 위대한 일을 할 수 있다.'

3. 타인에게 들은 칭찬을 모두 적고, 사람들이 당신을 좋아하는 이유와
자신에게 해주고 싶은 칭찬도 적어보자.

• 타인으로부터의 칭찬

_____

_____

• 자신에게 해주고 싶은 칭찬

_____

_____

• 사람들이 당신을 좋아하는 이유

_____

_____

4. 최근에 한 일 중 잘한 일 3가지를 적어보자.

_____

_____

_____

5. 다음 문장을 완성해보자.

• 목표실현을 위해 지금보다 더 의지력을 발휘한다면

_____

_____

6. 자존감이 약한 사람은 처음 만나는 사람과 대화할 때 어려움이 있다.
매일 처음 보는 사람과 한 사람 이상 대화를 나누어보자.

• 느낀 점

_____

_____

II

인생프로젝트를 즐기자

산에 올라갈 때
방향은 꼭대기에 두지만
마음은 발바닥에 둔다.
그렇게 한발 한발 올라가면
어느새 눈앞에 뻥 뚫린 정상이 나타난다.

– 최영태/나드리 회장

1
목표 없이 행복 없다

~•~•~•~

역사상 뛰어난 업적을 남긴 지도자들은
모두 자신의 주요 목표가 무엇인지를 명확하게 결정한 뒤,
자신의 능력을 집중시킴으로써 놀라운 리더십을 얻을 수 있었다.
그러나 실패자로 분류된 사람들은
그런 목표도 없이 마치 키 없는 선박처럼
빙빙 방황하다가 원래 출발지로 돌아왔다.
일시적인 패배나 격렬한 저항에 부딪힐 때마다 목표를 포기해버렸다.

-
나폴레온 힐(Napoleon Hill/작가)

~•~•~•~

의미 있는 목표를 한 번도 성취하지 못하고 세상을 하직한다면 너무
억울하지 않을까? 게리 레이섬(Gary Latham/심리학자)은 "어떤 목표도 세우
지 않고 사는 사람은 인생을 그냥 스쳐 보내는 사람이다. 대부분의 사람
은 자기가 인생을 낭비했다는 사실을 뒤늦게 깨닫기 때문에 어떻게든 다
시 한 번 인생을 살고 싶다고 말한다"고 목표의 중요성을 강조했다.

하루를 멍하니 보낸다고 생각되거나, 일상이 너무 바빠서 허겁지겁
살고 있거나, 다람쥐 쳇바퀴 돌 듯 하루하루 지나가거나, 빈둥거리거나,

공허한 느낌이 들 때 목표생활을 시작해야 한다. 세상을 편히 살고 싶다고 이야기하는 사람들도 목표생활이 필요하다. 목표가 있으면 뚜렷한 비전을 갖게 되고, 인생에서 무엇이 중요하고 무엇을 지향하며 살아야 하는지 알 수 있다. 목표가 있으면 다른 사람의 결정에 따라 움직이지 않으며, 자신감과 자부심을 갖게 되고, 하고자 하는 의욕이 일어난다. 또한 목표가 있으면 현실에 안주하지 않고 목표를 성취하기 위해 노력하게 된다. 높이뛰기 운동선수에 의하면 가로막대가 없으면 높이 뛰어오를 수 없다고 한다. 목표는 가로막대와 비슷하여 목표가 있으면 생각과 역량이 집중된다.

주변을 살펴보면 목표가 중요하다는 것을 알고 있으면서도 목표 있는 삶을 살고 있는 사람은 별로 없는 것 같다. 실제로 많은 사람들이 목표와 거리가 먼 삶을 살아가고 있는 것 같다. 목표생활을 하지 않는 이유는 실제로 목표가 얼마나 중요한지 잘 몰라서 하지 않는 경우가 있고, 주변을 살펴봐도 목표생활을 하지 않는 사람들이 많기 때문이고, 목표를 어떻게 수립하는지 잘 몰라서 목표생활을 하지 않는 경우도 있고, 목표를 설정할 때 '진실로 원하는 목표'를 찾지 못하여 목표생활에 실패하는 경우도 있다.

목표생활을 어렵게 하는 두려움, 자신감 부족, 끈기 부족, 집중력 부족, 자기제한적 신념, 미루기 습관 등은 일상훈련을 통해 향상될 수 있으나 많은 노력이 필요한 것이기도 하다. 더욱이 좌절이나 어떤 역경에 빠졌을 때 습관적으로 사용하는 '사고의 오염'이 불합리한 정서나 행동을 일으켜 목표행동을 방해하기도 한다.

이유야 어떻든 안젤름 그륀(Anselm Gruns/신부)은 "당신이 어디에 있든 누구든 한순간도 목표를 망각해서는 안 된다. 살면서 추구해야 할 목표란 단순히 일이나 성취의 문제가 아니다. 그것은 존재의 이유이고 사명이다"라고 강변하고 있다.

연말 연초가 되면 거의 대부분의 사람들은 뭔가 새해 소망을 담은 어떤 계획을 잡는다. 그리고 흐지부지 작심삼일이 된다. 미국 뉴저지 주 프린스턴 기관이 1,012명을 상대로 '새해 다짐'을 어느 정도 성공적으로 지켰는가에 관해 조사했다. 조사 결과 8%만이 성공적으로 지켰다고 대답했다. 무려 92%가 작심삼일로 끝나고 말았다는 이야기다. 작년 이맘때 '2025 목표실현 프로젝트'를 시도한 적이 있었다. 이때도 10% 정도만 끝까지 도전했고 90% 정도가 도중하차했다.

인생을 더욱 소중하게 살려면 목표가 있어야 한다. 목표의식 있는 사람이 더 건강하고 오래 산다고 한다. 은퇴한 후에도 목표의식을 갖고 사는 사람이 행복하다. 빅터 프랭클(Viktor Frankl/로고테라피의 창시자)은 발진 티푸스가 유행하던 아우슈비츠 수용소에서 환자들을 관찰한 결과 가치 있는 목표를 가진 사람이 살아남을 확률이 더 많다는 것을 발견했다.

목표가 있는 사람은 불평불만이 적고 긍정적으로 생각하며 목표성취를 위해 노력한다. 목표생활을 하면 '자발성', '자기결정', '자기동기'가 강화된다. 아이 스스로 목표를 세우고 목표를 실현시키면, 행복과 성공에 꼭 필요한 심성을 계발할 수 있다. 어렸을 때부터 목표생활을 습관화하는 이유가 여기에 있다.

목표설정은 일생 동안 계속되는 작업이다. 몽테뉴(Montaigne, Michel De/프랑스 철학자)는 "삶은 그 자체가 목표이고 목적이다"라고 말했다. 조직은 목표의식이 있는 사람을 원하고, 개인은 목표를 필요로 한다. 브라이언 트레이시(Brian Tracy/컨설턴트)는 "끊임없이 생각하는 바는 그것이 무엇이든 현실로 나타나기 마련이다"라고 목표생활의 중요성을 강조하고 있다.

현재는 생각의 결과다. '스트로크 미팅(목표실현 월례연구회)'에 동참하여 서로서로 격려하면서 꿈을 이루자. 인생이 의미 없다고 느껴질 때가 바로 목표를 세우고 도전해야 할 때다. 앞으로 남은 인생을 어떻게 살아가야 하나 생각할 때가 바로 목표를 세울 때다. 목표설정은 일생 동안 계속되는 작업이다. 지금부터 인생의 목표를 세우고 노력하자. 목표 없이 행복은 없다.

1. 지금부터 바라는 바를 좀 더 뚜렷하게 하고, 비전이 결핍된 인생을 살아온 것은 아닌지 반성도 해보고, 좀 더 인생을 소중하게 살아갈 방법은 없는지 생각해보는 좋은 시간을 가져보자. 100마디 강의를 듣는 것보다 체험하면서 느끼는 것이 더 중요하고 오랫동안 기억에 남는다.

   20분 정도 시간을 내어 아래의 질문에 답해보자. 각 항목당 작성 시간은 1분 이내로 한다. 작성하면서 떠오르는 느낌이 중요하다. 작성하다가 쉬지 말고 느낌에 집중하면서 끝까지 작성하기 바란다.

   1) 이제부터 24시간 동안 무엇을 달성하고 싶은가?

   _____

   _____

   2) 지금부터 48시간 동안 무엇을 달성하고 싶은가?

   _____

   _____

   3) 지금부터 1주일 동안 무엇을 달성하고 싶은가?

   _____

   _____

4) 지금부터 2주 동안 무엇을 달성하고 싶은가?

_____

_____

5) 지금부터 1개월 동안 무엇을 달성하고 싶은가?

_____

_____

6) 지금부터 반년 동안 무엇을 달성하고 싶은가?

_____

_____

7) 지금부터 1년 동안 무엇을 달성하고 싶은가?

_____

_____

8) 1년 후 자신의 바람직한 모습은 어떻게 되어 있을지 적어보자.

_____

_____

9) 3년 후 자신의 바람직한 모습을 적어보자.

_____

_____

10) 앞으로 10년 후 자신의 바람직한 모습을 적어보자.

_____

_____

11) 앞으로 20년 후 자신의 바람직한 모습을 적어보자.

_____

_____

12) 100세가 되었다고 가정하고 자신의 인생을 회고해보겠다. 우선
0세부터 10세까지 자신이 해낸 가장 의미 있었던 일을 적어보자.

_____

_____

13) 10세부터 20세 사이에 자신이 해낸 가장 의미 있었던 일을 적어
보자.

_____

_____

14) 100세가 되었다고 가정하고 자신의 인생을 회고하는 중이다. 20세
부터 30세 사이에 자신이 해낸 가장 의미 있었던 일을 적어보자.

_____

_____

15) 30세부터 40세 사이에 자신이 해낸 가장 의미 있었던 일을 적어
보자.

_____

_____

16) 40부터 50세 사이:

_____

_____

17) 50부터 60세 사이:

_____

_____

18) 여러분은 100세이고 인생을 회고 중이다. 60세부터 70세 사이에
자신이 해낸 가장 의미 있었던 일을 적어보자.

_____

_____

19) 70세부터 80세 사이:

_____

_____

20) 80세부터 90세 사이:

_____

_____

21) 90세부터 100세 사이:

_____

_____

22) 만약 당신의 생명이 1개월밖에 남지 않았다면 무엇을 하겠는가?

_____

_____

23) 만약 1주일밖에 살 수 없다고 가정할 때 무엇을 할 것인가를 적어
보자.

_____

_____

24) 당신의 묘비명을 작성하라.

_____

_____

• 느낀 점 적기

위의 질문에 답하면서 느낀 점은 소중한 체험이다. 아래에 그 느낀 점을 적어보자.

_____

_____

_____

_____

_____

2. 그동안 역경과 난관을 극복하고 열심히 노력하여 바라던 목표를 모두 성취했다고 생각하면서 인생의 모든 꿈을 성취한 가상의 스토리를 작성하라. (이때 성과뿐만 아니라 목표달성을 위해 무엇이 필요하고 어떻게 난관을 극복했는지도 포함시킨다.)

_____

_____

_____

_____

_____

_____

_____

"큰 꿈을 품은 사람은 미래에 큰 사람이 되고 작은 꿈을 품으면 작은 사람이 된다. 명심하라. 꿈의 크기가 사람의 크기이고, 인생의 크기이자 미래의 크기다."

– 엔도 슈사쿠(遠藤周作/일본의 작가, 노벨상 후보)

2
가치관과 목표는 일치해야 한다

모든 사람이
세상을 바꾸겠다고 생각하지만
어느 누구도 자기 자신을 바꿀 생각은 하지 않는다.
-
톨스토이(Leo Tolstoy)

어떻게 사는 것이 만족한 삶일까?

만족한 삶을 살아가기 위해서는 가치 있는 목표를 세우고 그것을 실현시키면서 살아가야 하는 것이 아닐까? 가치 있고 올바른 목표를 세우기 위해서는 우선 가치관을 명료히 해야 한다. 그러나 우리는 자신의 가치관에 대해 구체적으로 생각해보지 않았기 때문에 실제로 우리가 어떤 것에 가치를 두고 있는지 분명한 의식 없이 살아가고 있다.

우리의 행동이나 삶의 목표가 우리 자신이 가지고 있는 가치관에 의해 선택 또는 결정되고 있고, 의사결정이나 문제해결을 할 때도 가치관이 영향을 미치고 있다는 사실을 감안할 때 가치관을 명확히 해보는 것은 큰 의미가 있다고 생각한다. 가치관을 명확히 하기 위해서는 '나는 누구인가?', '나는 어떤 사람인가?', '무엇을 좋아하고 어떤 것에 진정한 가치를 두고 있는가?' 등을 깊이 생각해야 한다. 사회가 변하고 조직이 변하면, 개인의 가치관도 변한다. 가치 있고 올바른 목표를 세우기 위해서는 가치관을 명확히 하고 필요하면 자신의 가치관을 조정할 필요도 있다.

이스라엘의 초대 왕 사울은 다윗을 죽이려는 목표밖에 갖고 있지 않았다. 반면 다윗은 통일 왕국을 이룩하고자 하는 목표를 가지고 있었다. 결국 사울은 몰락했고 다윗은 승자가 되었다. 정조임금은 신하의 됨됨이를 판단할 때 지식, 성품, 덕, 정직, 청렴, 끈질김, 강인함을 기준으로 삼았다. 빌 게이츠는 아버지로부터 용기, 창조, 열정, 슬기, 신용, 인내, 관용, 예의, 겸손, 성실 등 주요 가치개념을 물려받았다.

리카싱 청쿵(長江)그룹 회장은 지금까지 성공한 비결에 대해 이렇게 말했다.

> "첫째, 열심히 일하고 인내력과 강한 의지를 갖는 것입니다. 그러나 이것만으로 충분치 않아요. 더 중요한 것은 지식(knowledge)입니다. 특히 자신의 비즈니스 분야에서 가장 업데이트된 지식을 가져야 합니다. 나아가 현재를 넘어 미래 자신의 비즈니스가 어떻게 발전할지에 대한 지식이 필수적입니다. 세 번째는 정직과 신뢰로 자신에 대한 좋은 평판(reputation)을 쌓는 것입니다."

외국인은 우리더러 총명하고 나누어먹기 좋아하는 정 많고 사랑 많은 민족이라고 했다. 참을성이 강하고 끈기가 있는 민족이라고도 했다. 한국인은 꾀가 많고 부지런하고 목표만 있으면 신바람이 나는 민족이라고도 했다. 가치관을 명확히 하는 것은 목표실현의 출발점이다.

무엇을 가치 있게 생각하는지 가치관을 정리해보겠다. 진정으로 바라는 목표 속에는 가치가 포함되어 있기 때문에 무엇을 가치 있게 생각하는지 정리해보는 것은 큰 의미가 있다.

1. 당신이 좋아하는 사람 또는 존경하는 사람의 특징을 적어라(3명).

_____

_____

2. 자녀들이 어떤 삶을 살았으면 좋겠는지 기록해보자. 자녀들이 어떤 부류의 사람이 되기를 원하는지, 어떤 목표를 성취하기를 원하는지 구체적으로 적어보자.

_____

_____

3. 인간은 언젠가 죽는다. 내가 만약 6개월밖에 살 수 없다면 무엇을 어떻게 할 것인가? 깊이 생각하면서 적어보자.

_____

_____

_____

4. '행복'이라고 했을 때 떠오르는 단어나 연상되는 단어를 10개만 적어
보라. 제한시간은 1분이다.

_____

_____

가치관은 고정된 것이 아니라 변한다.
위의 가치관 중에서 무엇을 추가하고 보완하면 좋을까?

_____

_____

5. 위에 적은 1, 2, 3, 4를 종합적으로 정리하면 자신의 주요 가치개념을
파악할 수 있다. 당신의 주요 가치는?

_____

_____

〈회원 코너〉

목표를 설정하기 전에 가치관을 먼저 정립하는 것은 전혀 생각하지 못했다. 보통 달성할 목표만 생각하지만, 내재된 가치관과 맞지 않는 목표라면 결국 흐지부지 사라질 목표가 되거나 달성된 후에도 큰 성취감을 느끼지 못할지도 모르겠다는 생각이 든다.

– 비너스 백

주요 가치개념으로 가족, 건강, 사랑, 웃음, 여가, 음악 감상, 독서, 여행, 편안함, 친구를 꼽았다.

– 몽당연필

가족, 목표, 전문성, 맛있는 음식, 따뜻한 집, 친구, 여행, 사랑, 미래를 주요 가치개념으로 생각하고 있다.

– 사회 초년생 한유나

3
승자에게는 비전과 사명이 있다

우리는 지금까지 비전이 결핍된 삶을 살아왔다. 조직도 비전이 필요하지만 개인도 비전이 필요하다. 비전에 근거한 삶을 살아갈 때 삶의 방향이 뚜렷해지고 긍정적이 된다.

승자에게는 비전이 있고 또 하나 사명이 있다. 갤럽 조사에 의하면 예외적인 성공을 거둔 사람들 대부분은 자신이 하는 일에 사명을 가지고 있었다고 한다. 청소를 하든 호빵장사를 하든 병원 일을 하든 일에 의미를 부여할 때 최선을 다하게 된다.

과천에 사명을 갖고 일하는 보기 드문 약국이 있다. 항상 친절하고 환자를 위해 최선을 다하는 약국이다. 연로하신 환자분이 오면 잘 들리지도 않고 서로 대화에 어려움이 있으나 환자가 이해할 때까지 최선을 다하는 모습을 볼 수 있다. 특히 약을 장기 복용하는 환자에게는 각별히 신경을 쓰고 있는 것 같다. 이러한 힘은 사명의 힘이다.

사명이 있는 사람은 확실히 사명이 없는 사람보다 앞서나간다. 사명이 있느냐 없느냐에 따라 일하는 태도와 열정에 차이가 있기 때문이다. 자신이 하고 있는 일 자체가 본질적으로 가치 있고 위대한 사명에 근거해서 일할 때 돈으로 따질 수 없는 힘을 발휘하게 된다. 꿈꾸던 목표가 달성되었는데도 마음이 공허한 이유는 사명이 없어서다. 사명은 삶에 목적을 준다. 사명은 강점을 강화하고 강점은 사명을 실현한다. 사명선언서를 보면 그 사람의 핵심가치와 기본원칙 그리고 무엇을 잘하는 사람인지 등을 엿볼 수 있다.

긍정심리학자 마틴 셀리그먼의 사명은 '전 세계의 총 행복량을 증가시키는 것'이다. 월트 디즈니의 사명은 '사람들을 즐겁고 행복하게 해주는 것'이고 에릭 슈미트(구글의 CEO)의 사명은 '전 세계의 모든 정보를 모아서 모든 사람들이 이용할 수 있도록 만드는 것'이다. 사명선언서는 누구나 쉽게 암기할 수 있고 이해할 수 있도록 작성하는 것이 필요하다. 사명선언서가 작성되면 결혼할 상대 또는 부인에게 보여주면 좋은 결과가 있을 것이다.

인생을 아무 의미 없이 허망하게 살 수는 없다. 사회에 아무런 기여도 하지 못하고 세상을 하직하고 싶지는 않을 것이다. 5년 후, 10년 후 또는 20년 후의 바람직한 모습을 적다 보면 인생을 좀 더 의미 있게 살아야겠다는 생각이 절로 날 것이다.

비전을 만들어놓으면 목표실현을 이룰 수 있는 동기를 부여받게 된다. 인디언은 성년이 될 때쯤 열흘 동안 음식 없이 숲속에서 지내도록 하면서 자신을 관찰하고 어떻게 살아갈지를 끊임없이 생각하면서 인생의 비전을 설정하는 시간을 갖는다고 한다. 먼 훗날 의미 없는 삶을 살았다고 후회하지 말고 비전과 사명을 확실히 하면서 행복한 삶을 살자.

노먼 커즌스(Norman Cousins/미국의 저널리스트)는 "인간은 나약한 존재가 아니며 결코 그랬던 적도 없다. 단지 잠시 방향을 잃거나 무언가에 현혹되거나 낙담하는 순간이 있을 뿐이다. 삶에 대한 비전을 갖고 있는 한 인간은 자신감 있는 태도로 세상과 마주할 수 있다"고 비전을 강조했다. 비전은 미래에 대한 약속이고 보고 싶은 미래의 모습이다.

1. '나의 비전'을 정리하자.

   당신이 원하는 세계, 이상적인 미래의 모습에 대해 간단하게 기술하자. 미래의 시점에서 현재를 바라보면서 작성하고 현재 시제로 기술하라.

   1) '나의 이상적인 세계'를 자유롭게 기술하라.

   _____

   _____

   _____

   _____

   _____

   2) 이상적인 세계를 구현하기 위해 무엇을 어떻게 할 것인지 몇 가지 계획을 세워보자.

   _____

   _____

   _____

   3) '나는 나의 강점(5개)을 활용하여 나의 이상적인 세계(원하는 세계를 25개 단어로 기술)를 구현하고자 한다.'

   _____

   _____

〈회원 코너〉

나의 이상적인 세계는 나의 경험, 아름다운 마음, 모양, 형상, 아름다운
소리 등으로 나약한 현대인에게 영양이 되도록 하여 선함으로 충만한
세계를 구현하는 데 있다.

- 최종소

나의 이상적인 세계는 모든 사람이 편안하고 행복한 세상입니다. 내가
쓴 동화를 읽고 희망과 기쁨, 위안을 느끼고 성장했으면 하는 바람입
니다.

- 몽당연필

나의 이상적인 세계는 밝고 즐겁게, 즉 삶의 의미와 재미를 가지고 주
변과 조화롭게 살아가는 세계를 구현하는 데 있다.

- CT Chun

2. 가치와 비전이 포함된 핵심문장으로 '나의 사명'을 정리하자.

앞 장에서 정리한 글('묘비명', '인생의 모든 꿈을 성취한 가상의 스토리', '만약 6개
월밖에 살 수 없을 때 무엇을 어떻게 할 것인지') 등을 참고로 하여 '나의 사명(하
고자 하는 일에 대한 목적과 원칙)'을 작성하라.

_____

_____

_____

_____

유익한 동화를 써서 아이들이 재미있게 읽게 하며, 어른들에게도 기쁨과 위안, 성장을 돕는 동화 작가가 된다.

– 몽당연필

심적이나 물적으로 가난한 사람들과 함께 행복을 만들어나간다.

– 김이철

나의 비전과 사명

나의 비전:
나의 사명:

4
무엇을 진실로 원하는가?

난 내가 부자를 꿈꾸는 줄 알았다.
난 내가 차를 갖고 싶어 하는 줄 알았다.
여자라면 높은 구두를 신어야 한다고 생각했다.
하지만 좁은 내 방에서 창문을 열어놓고
여유롭게 앉아 그림을 그릴 때가 가장 행복하다는 것을 알게 되었다.
어쩌면 사람들은 자신이 진정 원하는 것이 무엇인지도 모르고
스스로를 오해한 채,
그저 바쁘게만 살아가는 것은 아닐까.

전수민의 『이토록 환해서 그리운』 중에서

컨설턴트인 브라이언 트레이시는 "목표를 달성하려면 우선 목표를 정해야 한다"라고 말했으나 실제로 목표를 정하는 것이 만만치 않다. 꿈이 뭐냐고 물어보면 그냥 재미있게 살겠다고 하는 사람도 있고, 매사에 최선을 다하면서 살겠다고 하고, 심지어 꿈은 무슨 꿈이냐며 적당히 살다가 가면 된다고 하는 사람도 있고, 심지어 꿈이 없다는 사람도 있다. 조선시대의 세자들은 목표가 뚜렷하지 않으면 나중에 임금 자리에 오르

지도 못했다.

목표를 정한 사람들조차 그 내용을 가만히 들여다보면 부모가 원하는 삶 또는 부모의 기대를 충족시키기 위한 목표다. 친구들과 비교하는 삶을 사는 것도 진정으로 하고 싶은 목표를 찾지 못했기 때문에 일어나는 현상이다. 목표 속에는 가치관, 사명, 비전이 들어가 있어 이를 명확히 하면 목표를 설정하기가 수월해진다.

자신이 무엇을 바라는지, 자신의 내적인 욕구를 정확히 인식하여 목표를 세우는 데 2년이 걸린 사람이 있었다. 헨리 데이비드 소로(Henry David Thoreau/시인. 철학자)는 하버드 대학을 졸업하고 2년 동안 숲에 들어가 살면서 명확한 목표를 세운 후 평생 동안 목표를 실천하며 살았다고 한다.

『사피엔스』의 저자 유발 하라리(Uval Noah Harari/이스라엘 역사학 교수)는 1년 중 30일 또는 60일은 혼자만의 시간을 갖고 '진정 원하는 것이 무엇인지 찾으려고 노력'한다고 한다. 진실로 원하는 목표를 세우는 것이 그만큼 어렵고 중요하다.

목표생활을 어렵게 만드는 것도 자기가 진실로 원하는 일을 하지 않기 때문이며, 너무 터무니없는 목표를 세워놓아 쉽게 포기해버리기 때문이다. 목표생활을 하면서 행복하고 즐겁다면 진정한 목표를 세운 사람이다. 진실로 원하는 목표를 정한 사람은 목표를 생각만 해도 흐뭇해지고 즐겁다. 목표실현이 되었다고 생각만 해도 깊은 기쁨을 느낄 수 있다.

과거에 일어난 일들은 생각의 산물이다. 미래의 행복은 앞으로 어떤 생각에 집중하느냐에 달려 있다. 진실로 원하는 목표에 집중하면서 생활하면 생활이 즐겁고 열정적이 될 것이다. 매일 아침 눈을 뜨자마자 '진실로 원하는 목표'에 생각을 집중하면서 자신의 좌우명을 힘차게 외치면 활기찬 하루가 시작될 것이다.

목표 없이도 지금처럼 흘러갈 것이다. 그러나 목표가 있으면 후회 없는 삶을 살 것이다. 일단 목표를 명확하게 설정하면 폴 마이어(Paul J. Meyer/리더십컨설턴트)가 말했듯 자신감이 커지고 능력이 향상되고 동기부여 수준이 높아진다. 무엇을 원하는지 확실히 결정하기만 하라. 목표는 인생을 풍요롭게 해줄 것이다.

1. 꿈을 꿀 때 사람은 성장한다. 꿈꾸고 실천하는 것이 바로 인생이다.
   돈, 시간, 능력 등 모든 것이 완벽하게 갖춰져 있다면 무엇을 이루고
   싶은가? 세상에서 가장 하고 싶은 것이 무엇인가?

   _____

   _____

   _____

   _____

2. 당신의 장례식에서 가족, 친구, 자식들이 당신에 대해 어떻게 이야기
   해주었으면 좋겠는가?

   _____

   _____

   _____

   _____

3. 당신은 손주나 자손들로부터 어떤 사람으로 기억되고 싶은가?

   _____

   _____

   _____

   _____

4. 당신의 묘비명은 무엇인가? (드라마에 이름이 있듯 인생에도 주제가 있다. 묘비

   명을 읽어보면 인생의 테마를 알 수 있다.)

   _____

   _____

5. 당신의 강점을 5가지만 적어보자.

   _____

   _____

   _____

   _____

   _____

6. 상기 자료를 참고로 자연스럽게 드러난 자신의 목표를 작성하자.

   • 나의 목표: _____

   _____

   _____

   • '나의 목표'가 성취되면 당신의 삶에 어떤 변화가 나타날까?

   _____

   _____

   _____

• 왜 그 목표를 이루고 싶은가?

_____

_____

_____

• 이 목표를 생각할 때 기분이 즐거워지지 않으면 다시 그 이유를 물어보면서 목표를
  보완해야 한다.

_____

_____

_____

7. 시간이 휙 지나가 10년 후가 되었다고 상상하고 현재를 되돌아보자.
   지금 몇 살인가? 미래에서 현재를 바라보고 있는 중이다. 10년 후의
   완벽한 삶을 위해 현재 어떤 일을 해야 할까? 목표를 성취하는 데 필
   요한 모든 것을 갖췄다고 생각하고 즐거운 마음으로 7가지만 작성해
   보자.

_____

_____

_____

_____

_____

_____

8. 목표실현이 좌절되었을 때 가장 실망하게 될 목표는 무엇인가? 하나
   만 적어보자.

   _____

   _____

   ① 앞으로의 삶에서 가장 긍정적인 영향을 미칠 한 가지 목표를 선정해 이를 주목표로
     정하자. 주목표가 성취된다는 생각만 해도 흥분될 것이다.
   ② 선정된 목표는 가치개념과 비전이 잘 반영되도록 가다듬는다.
   ③ 목표는 측정이 가능하고 눈으로 볼 수 있도록 구체적으로 적는다.

진실로 원하는 나의 목표

9. 당신은 어떤 강점을 가지고 '진실로 원하는 목표'를 성취해나갈지 작
   성하라.

   _____

   _____

10. 모든 역경과 좌절을 극복하고 '진실로 원하는 나의 목표'를 실현했을
때의 흥분과 기쁨의 순간을 상상하면서 구체적으로 그려보라.

_____

_____

_____

_____

_____

11. 신 레몬을 먹는다고 상상을 하면 입에서 침이 나오듯 우리의 신체는
반드시 생각에 맞춰 반응하고 움직인다는 마음의 법칙이 있다. 목표
의 성취를 위해 잠재의식을 활용해보자. 눈을 감고 다음과 같이 오감
을 동원하여 상상해보자.

"지금 당신은 무대 위에 서 있다. 당신은 객석을 향해 크게 인사를 하고 있
다. 그리고 마음속으로 이렇게 선언한다. '저는 꿈을 이뤘습니다. 정말 감사
합니다. …… (객석에서 박수 소리가 크게 들린다. …… 집안 식구들도 보인다.) ……
감사합니다. 앞으로 더욱 노력하겠습니다.' ……(박수)"

포인트

목표를 실현시키려면 우선 목표에 집중하면서 끊임없이 염원해야 한다. 우리의 잠재의식을 계속 노크하면 작동하기 시작한다. 잠재능력이 현재화된다는 이야기다. 다음으로 중요한 것은 자기제한적 신념이 목표실현을 방해하지 않도록 'Can do feeling'을 가지고 있어야 한다. 즉, 생각에 한계를 긋지 않도록 목표를 성취할 수 있다는 신념을 가지고 있어야 한다. 목표는 글로 써놓아야

하고 눈으로 볼 수 있도록 구체적으로 작성되어야 한다. 우리의 잠재의식의 작동을 위해 필요하다면 콜라주를 만들어 시각화시키는 것도 한 가지 방법이다. 목표의 실현 여부는 행동에 달려 있다. 꼼지락거리면서 걱정만 해서는 실패자의 대열에 들어간다. 지금 바로 시작하자.

〈회원 코너〉

사실 지난 질문뿐 아니라 이번 질문 '무엇을 진실로 원하는가?'까지 모두 저에게는 상당히 답하기 어려운 것이었습니다.

하루하루 바쁘게 돌아가는 일상에 치여 쓰러지지 않기 위해 그날의 일과를 숨 가쁘게 해치우며 살아가는 제게 그 질문을 마주한 순간 갑자기 아무 답도 떠오르지 않으면서 세상에 그런 질문도 있다는 것을 처음 안 것처럼 바보가 된 듯한 느낌이랄까요.

난 왜 이렇게 매일 바쁘게 살고 있었던 걸까 하는 생각도 잠깐 하게 되었고요.

살면서 가장 만족을 느낀 일이 바로 떠오르지 않았습니다.

그런 일이 최근에는 많이 없었나봅니다.^^

누군가에게 진심어린 사랑을 받았다고 느끼는 순간일까요?

제가 좋아하는 맛난 걸 먹으며 재미있는 오락거리를 하고 있을 때일까요?

제가 한 일이 누군가에게 진정 큰 도움이 되었다는 것을 깨닫는 순간일까요?

제가 한 일을 누군가 인정해주는 순간일까요?

'이것입니다'라고 자신 있게 말할 수 있는 게 떠오르지 않았지만 찬찬히 생각해보니 아마도 제가 한 일로 누군가에게 도움이 되었고 제가 그 일로 인정받는 순간인 것 같습니다.

가정에서는 제가 꼭 필요한 사람으로 인정받을 때,

약국에서는 다른 약사들이 일상적으로 제공하는 서비스가 아니라 제가 특별한 개인적인 도움을 드려 환자의 어려움이나 고통이 덜어질 때,

그 환자들이 저를 인정해주실 때,

아마도 그래서 저는 약국 일을 대체로 좋아하는가 봅니다.

제가 만족을 느끼는 순간을 생각해보니 그래도 공부하고 싶고, 노력하고 싶고, 10년 뒤 더 실력 있고 환자들이 건강을 찾는 데 도움이 되는 그런 멋진 약사의 모습을 그려봅니다.

이런 생각을 할 수 있는 기회를 주셔서 감사합니다.

- 비너스 백

넘 감사하신 말씀이군요~

'십 년 후의 나'란 글귀가 내게 도전을 주고,

잊지 않고 살고 있어요.

주위의 지인들에게도 전하고 있고요….

선생님의 한결같으신 섬김에 더욱 감사드립니다.

-조승옥(산부인과 의사)

5
승자에게는 무언가가 있다

미래는 가꾸기에 달렸다

-

한상기(나이지리아 추장, 노벨상 후보)

이 세상은 꿈을 가진 사람들의 것이다. 우리는 꿈을 가진 사람들의 열정과 끈기와 만족에 의해 만들어진 세상에서 살아가고 있다. 빌 게이츠(Bill Gates)는 "성공이란 부와 명예 출세가 아닌 열정을 갖는 것"이라고 했다. 우주 왕복선을 타고 화성에 가는 꿈을 꾸고 있는 엘론 머스크(Elon Musk/기업인)의 열정 덕분에 언젠가 화성에 가서 살 날이 올지도 모르겠다.

주변에 성공한 사람들을 둘러보면 몇 가지 특성이 있다. 한 가지 큰 특징은 역경에 굴복하지 않는 불굴의 투지를 가지고 있다는 점이다. 이들은 7전 8기의 인생을 살고 있는 사람들이다. 쓰러지면 일어나고 쓰러지면 또 일어나는 오뚝이 인생을 살아가고 있다. 주변의 반대에도 불구하고 우뚝 설 수 있는 배짱과 뚝심을 가지고 있다. 이들은 큰 꿈을 마음에 품고 있고 비전과 신념에 따라 항상 낙관적으로 생각하는 경향이 있다.

집안에 춤추는 사람이 있었다. 학교 성적이 좋아 집안에서는 의대를 보내려고 했으나 본인은 집안의 극심한 반대를 무릅쓰고 그 당시 미개척 분야이고 더구나 남자로서 하기 힘든 무용의 길을 선택했다. 학교에 갔다 오면 방에 틀어박혀 유성기를 틀어놓고 혼자서 몇 시간이고 춤추는 사람이었다. 이름은 송범, 나의 삼촌 이야기다. 30년 동안 국립무용단 단장을 지냈고 국립극장에 흉상도 세워져 있다. 어렸을 때 남자가 춤을 춘다고 삼촌을 많이 놀려주었다. 삼촌의 머릿속에는 음악과 춤밖에 없었다. 걷는 모습도 사뿐사뿐 걷는다. 삼촌 덕분에 무용 공연을 많이 보았다.

승자는 뭔가 다르다. 승자는 하고 있는 일에 열정을 느껴 어떠한 난관에 부딪히더라도 좌절하지 않고 뚫고 나가는 신념과 열정과 패기가 있다. 최고가 되겠다는 비전 없이 열정이 나올 수는 없다. 열정은 목표에서 나온다. 성공한 사람으로부터 끈기, 집념, 재능, 소신 같은 것을 쉽게 느낄 수 있다. 그들은 하고 싶어서 한다. 누가 시켜서 하는 일이 아니다. 재미있고 만족하니까 한다. 열정이 강점과 끈기와 신념이 결합되면 역경을 극복할 수 있는 힘이 생겨 목표도 쉽게 이뤄진다.

야망이 남달랐던 우리나라의 대표적인 인물들의 전기나 자서전을 읽다 보면 한결같이 좌절과 실패의 경험을 갖고 있었다. 역경 속에서도 항상 최고가 되겠다는 신념과 비전을 가지고 있었고 역경을 극복하는 과정 속에서 큰 인물로 단련되는 것을 알 수 있었다.

열정 없이 성취되는 것은 없다. 요즈음 조직의 운영 원칙에도 열정을 포함시키는 기업이 늘고 있다. 월마트는 "모든 것은 꿈에서 시작한다. 그리고 그 꿈을 이루기 위해서는 단호한 결심과 열정, 성장하려는 의지가 필요하다"는 경영원칙이 있다. 월마트의 조직 분위기를 엿볼 수 있는 대목이다.

자기성장훈련

다시 한 번 당신의 강점과 신념과 비전을 읽어보고 다음 질문에 답하라.
열정을 느끼는 일을 발견하게 될 것이다.

1. 최근에 어떤 일을 할 때 기분이 좋았는지 적어보자.

_____

_____

2. 지금까지 살아오면서 '내가 중요한 존재'라고 느껴질 때가 있었을 것
   이다. 어떤 일을 할 때 중요한 일을 하고 있다고 생각했는가?

_____

_____

_____

_____

6
인생프로젝트가 있어야 행복해진다

—◦~◦•◦~◦—

모든 것을 실현시키고 달성시키는
열쇠는 목표설정이다.
내 성공의 75%는 목표설정에서 비롯되었다.
목표를 명확하게 설정하면
그 목표는 신비한 힘을 발휘하게 된다.
또 달성 시한을 정해놓고 매진하는
사람에게는 목표가 오히려 다가온다.

-

폴 마이어(Paul J. Meyer)

—◦~◦•◦~◦—

여행 중에 사회자의 강요에 못 이겨 버스 속에서 강의를 한 희귀한 경험이 있었다. 시간은 20분이 주어졌다. 다소 난감했으나 예전에 서점에서 『꿈이 있는 아내는 늙지 않는다』라는 책을 본 적이 있었다고 운을 뗐다. 그때 사람들은 바로 시선을 집중하는 듯이 보였다. 이어서 꿈과 관련된 이야기를 계속했고, 긍정적인 사람이 되기 위해서는 목표가 있어야 하고, 목표는 긍정적인 사고의 기폭제 역할을 한다며 20분간 열강 아닌 열강을 했다.

꿈을 향하여 끊임없이 도전하는 것이 참된 삶의 방식이다. 미래에 대한 계획을 세우고 이를 실현시키기 위해 노력하는 노인일수록 노년의 삶을 잘 받아들이고 정서적으로도 충만한 삶을 산다는 연구 조사도 있다.

인간의 삶은 프로젝트의 연속이다. 어떤 계획을 세우고 어떻게 할까 고민하면서 하루를 보내는 삶의 연속이다. 프로젝트가 없으면 삶은 공허하고 나태해지며 멍하니 있는 시간이 많아진다. 자기 테두리 속에 갇혀 있는 사람, 자기의 문제점 분석에만 골몰하는 사람, 자기고민에 빠져 있는 사람은 정신에너지를 외부로 돌리고 꿈을 키워야 한다. 과거의 영향을 적게 받으면서 현재의 삶을 살려면 비전을 수립해놓아야 한다.

인생의 낙오자들은 목표가 없다. 꿈이 없으면 계획도 없고 성과도 없다. 그렇기 때문에 행복을 추구하고자 한다면 반드시 목표가 있어야 한다. 목표가 있는 사람은 불평불만이 없으며, 긍정적으로 생각한다. 목표가 있으면 뚜렷한 비전을 갖게 되고 삶에서 무엇이 중요하고 무엇을 지향하며 살아야 하는지를 알 수 있다. 목표가 있는 사람은 목표실현 방법을 궁리하기 시작하기 때문에 삶을 희망적으로 보게 된다. 목표가 있으면 다른 사람의 결정에 따라 움직이지 않으며 자신감과 자부심을 갖게 되어 동기부여를 일으킬 수 있다. 또한 목표를 설정하면 현실에 안주하지 않고 노력하게 된다. 행복은 가치관을 확립하고 거기에 따른 목표를 세우고 적극적인 노력을 어떻게 하느냐에 따라 결정된다. 마음을 변화시켜 행동을 변화시키면 삶이 바뀔 수밖에 없다. 진정한 행복감은 목표를 세우고 이를 실천하며 성취하는 데서 나온다.

91세인 이종암 할아버지는 최고령 검정고시 합격자다. 87세에 공부를 시작하여 초등, 중등, 고등학교 검정고시를 거쳐 지금은 미술을 공부하고 있다. KBS1 TV「강연 100℃」에서 "망설이지 말고 지금 바로 시작하라, 그러면 성공한다"고 거듭 강조하셨다. 인생프로젝트는 젊고 늙음이 없다. 평생 동안 계속되는 작업이다. 목표 없이 행복 없다. 바로 시작하자. 성공하는 사람들의 특성은 성취욕을 느끼는 사람이고 성취욕을 느끼는 사람은 항상 미래지향적이며 장기목표를 세운다.

"모든 그리움에는 미래가 있다. 꿈을 갖는 순간부터 삶은 바뀌기 시작한다."

- 스웨덴의 격언

1. 당신의 꿈을 방해하는 것이 무엇인지 찾아보자.

    1) 10년 전에 당신은 현재 무엇을 하고 있을 것이라고 생각했는가?

_____

_____

_____

    2) 앞으로 10년 후에 당신은 무엇을 하고 있을 것이라고 생각하는가?

_____

_____

_____

    3) 10년 후에 당신은 무엇을 하고 있었으면 좋겠는가?

_____

_____

_____

    4) 그런 꿈을 가로막는 것은 무엇인가?

_____

_____

_____

2. 목표 덩어리에 가볍게 접근하기 위해 목표를 나누어보자.

5년 후 자신이 원하던 모든 것이 실현되었다고 가정한다. 그리고 미래의 시점에서 현재를 되돌아보면서 이 완벽한 삶을 위해 바로 오늘 무엇을 해야 할지 기록한다.

_____

_____

_____

_____

_____

_____

7
마음의 보고인 잠재의식을 활용한다

—◦∽◦∽◦∽◦—

실패에 대한 두려움을 버리고
새로운 것에 도전할 용기만 있다면
창의적인 생각 앞에 한걸음 다가갈 수 있다.
머리로 생각하고 두 팔로 움직이며
두 다리로 행동할 때
원하는 결과에 다가갈 수 있다.

노문철/52회 발명의 날 대통령표창

—◦∽◦∽◦∽◦—

새로운 것을 추구하고 가능성을 믿으며
한 걸음씩 전진하다 보면
나의 미래는 이루어진다.

송찬호/국가지식재산위원회위원장 표창

—◦∽◦∽◦∽◦—

진실로 원하는 목표를 수립한 후에는 비전보드를 만들어 벽에 붙여
놓거나 상상훈련을 하는데 이는 잠재의식을 활용하고자 함이다. 프랑스
의 자기암시법 창시자인 에밀 쿠에(Emile Coue, 1857-1926)는 일찍이 "상상
하라! 그러면 이루어질 것이다"라고 주장하였다. 운동선수들이나 예술가

들도 상상훈련을 하고 있고 과학자들도 상상훈련을 한다.

상상훈련은 잠재의식을 통제하는 강력한 수단이고 도구이다. 우리는 생각과 느낌을 이용해 언행을 변화시키는 방법으로 상상훈련을 활용하고 있다. 육상선수들은 경기 시작 전에 1등으로 달리는 자신의 모습을 그려보기도 하고 일등으로 도착했을 때의 환호와 박수 소리를 듣기도 한다. 실은 테니스나 당구, 피구와 같은 경기도 상상훈련을 통해서 습득이 가능한 것이다. 강사들도 강의 전날 상상훈련을 한다. 열정적으로 강의하는 멋진 장면을 마음속으로 그리면서 강의 연습을 하면 그 다음 날 확실히 박수 소리가 요란해진다. 우리가 원하는 방향으로 잠재의식을 움직이려면 상상훈련을 해야 한다.

문제가 잘 안 풀려 고심 고심하다가 갑자기 번쩍이는 아이디어를 얻어 문제를 해결했다는 이야기는 많이 들어봤을 것이다. 답답할 때 기도를 해서 응답을 얻었다는 이야기도 가끔 듣는다. 우주가 지원해주고 있다고 이야기하는 사람들도 있다. 문제에 몰입해 삼매경에 빠지면 문제에 대한 해답을 얻을 때가 있다고 말하는 사람도 있다. 호리호리한 여인이 불이 났을 때 엄청난 무게의 물건을 들었다는 이야기며, 교통사고 직전에 차를 들어 올려 아이를 구했다는 이야기 등 괴력을 발휘한 이야기도 들려온다.

아직 과학적으로 완전히 밝혀지지 않았지만 무한한 힘과 지혜가 어딘가에 있는 것만은 확실하다. 잠재능력 전문가들은 무한한 잠재능력을 사용하지 않는 사람들은 어리석다고 이야기한다. 실제로 미국 스탠포트 대학교에서 우리의 평균 정신적 잠재력은 겨우 2%만 사용한다고 발표한 적이 있다. 만약에 우리가 잠재능력을 0.1%만 더 사용한다고 해도 우리는 지금보다 훨씬 더 잘 살 수 있을 것이다. 우리는 엄청난 잠재능력을 가지고 있기 때문에 지금까지 연구된 잠재력이나 상상훈련만 가지고도 목표를 성취하는 데 많은 도움을 받을 수 있다.

잠재의식은 첫째, 지속적인 자기암시에 의해서 변화된다. 주변에 있는 사람이 한마디씩 '얼굴색이 안좋아, 어디 아프니'하면 처음에는 아프지 않다고 부정하다가 이 사람 저 사람이 몸이 안 좋은 것 같다고 하면 처음에는 의심을 하다가 나중에는 확신을 하게 되고 실제로 아프게 된다.

이 세상의 모든 것은 생각의 결과로 이루어져 있다. 어떤 생각을 할 때마다 그 생각은 씨앗이 되어 마음의 정원에 뿌려진다. 생각이 긍정적인 것이면 긍정적인 일이 만들어질 것이며 부정적이면 좋지 않은 사건이 일어날 것이다. 자신도 모르게 불행을 염원하는 사람도 있다. '그 친구는 성공할 수 있지만 나는 못해!'라고 말한다. 말끝마다 '그건 어려워'라고 말하는 사람도 있다. 부정은 긍정으로 물리칠 수 있다.

둘째, 잠재의식은 반복적인 행동경험을 통해 변화시킬 수 있다. 높은 빌딩의 유리를 닦는 사람도 처음에는 벌벌 떨다가 행동이 반복되면서 안전하다는 인식이 들고 더 나아가 안전하다는 확신이 들 때 잠재의식은 그것을 받아들여 변하게 된다.

잠재의식을 활용하려면 잠재의식이 확신을 가지게끔 하는 것이 중요하다. 아무리 우리가 '이것은 사실이다'라고 자기암시를 해도 우리의 현재의식이 '아니다'라고 방해를 하면 잠재의식은 믿지 않으려고 한다. 따라서 잠재의식이 확신을 가지게끔 하려면 두 가지 점에서 유의해야 한다. 우선 우리의 뇌는 사실과 거짓을 구분하지 못한다는 점을 활용해야 하고 이를 위해서는 현재의식이 방해하지 못하도록 현재의식이 활동하지 못하는 상태 즉 의식이 몽롱한 상태를 유지해야 한다. 또한 마치 목표가 지금 현재 다 이루어진 것처럼 주문을 반복해야 하고 잠재능력이 제

일 싫어하는 두려움, 우울, 짜증, 질투 같은 부정적 정서는 자제해야 잠
재능력이 좋아한다.

이렇게 잠재능력을 활용하려면, 마치 명상을 할 때처럼 코끝이나 단
전에 주의를 집중하면서 마음을 고요하고 평화롭게 만든 다음, 과거의
좋았던 추억이나 강점을 떠올려 마음을 즐겁게 만든 후 마치 영화를 보
는 것처럼 목표를 성취했을 때의 장면들을 마음속으로 구체적으로 세세
하게 떠올리기를 아침저녁으로 반복하면 잠재의식의 도움을 받을 수 있
다. 예를 들어, 어디가 아픈 곳을 낫게 해달라고 기도를 드릴 때 신체적
증상을 이야기하면 안 된다. 활기찬 모습, 건강한 모습, 멋있는 모습을
입에 담아야 한다. "의사가 기적이라고 한다. 완치된 것이다. 나는 멋진
옷을 입고 비행기를 탔다. 스튜어디스가 환한 미소로 인사한다. 웃고 떠
들다가 창문을 통해 아래를 내다보았다. 우리의 산하가 너무 아름답다.
나는 완벽하다. 나는 행복하다."라고 반복해서 염원한다.

목표실현 시 잠재능력의 도움을 얻으려면 다음과 같이 해보자. 우선
마음을 고요하고 평화롭게 만든 다음, 즐거운 마음으로 마음 속 이미지
를 정확하고 세밀하게 상상하면서 마치 꿈이 이루어진 것처럼 이미지를
반복해서 떠올리면 잠재의식은 이를 신호로 받아들여 잠재의식의 문을
열게 된다. 목표는 잠재능력의 도움을 받아 반드시 실현된다고 확신하고
또한 기대도 하자. 목표실현을 사실로 받아들인다면 그것은 잠재의식에
각인되고 잠재의식에 각인된 생각은 우리의 삶을 변화시킨다.

1. 인생의 종착역까지 행복할까 아니면 불행의 연속일까? 생각나는 대로 기록하라.

_____

_____

_____

위에 적은 글 중에서 부정적인 요소는 다시 긍정적으로 바꾸어 적어라.

_____

_____

_____

2. 마음속에 존경하는 사람을 한 명 떠올린 다음 지금 당면한 문제를 상의하고 그분이 무엇이라고 이야기했는지 기록하라.

_____

_____

_____

3. 눈을 감고 명상을 할 때처럼 코끝에 주의를 집중한다. 들숨 날숨을 바라보면서 마음이 고요하고 평화로워질 때까지 숨을 편안하게 쉰다. 마음이 고요하고 평화로워진 다음 마음을 즐겁게 만들고… 연후에 최근

에 해결해야 할 간단한 문제를 구체적이고 세세하게 떠올려 문제에 대한 해결방안이 강구될 때까지 눈을 계속 감고 있다가 해결방안이 떠오르면, 눈을 뜨고 노트에 해결방안을 기록한다. 그리고 실천에 옮긴 다음 느낀 점을 적는다.

• 느낀 점

8
일일 행동목표

아침에 잠자리에서 일어나면서 오늘 할 일이 무엇인지 아는 사람은 행복한 사람이다. 아침에 일어났을 때 무슨 일을 해야 할지 깜깜한 사람은 일일 행동목표를 정하고 실천에 옮기면서 생활하자.

인생을 목표 없이 살아간다면 시간은 쏜살같이 흘러갈 것이다. 심리학자 아들러(Alfred Adler)는 점점 나이가 들어가면서 인생을 충만하게 살려면 바꿀 수 없는 과거를 후회하거나 아직 오지 않는 미래에 대해 불안해하지 말고 '지금 여기'에서 열심히 살아가는 것이 최선의 삶의 방식이라고 말했다.

일일 행동목표를 정하지 않으면 시간이 도망간다. 일일 행동목표를 정하고 실천에 옮기면 '지금 여기'에서 충실하게 살아가게 된다. 매일 일일 행동목표를 정하면서 해야 할 일들에 대한 계획을 세우면 미리 결과를 예측하지 않은 사람보다 10배 가까운 성과를 내게 된다. 매일 밤마다 일일 행동목표를 10가지 정하는 습관을 들이고 실천에 옮긴다는 것은 내가 삶의 주체자가 된다는 의미다. 나의 삶은 내가 선택하고 결정한다. 내가 개척하지 않으면 남이 지배한다.

일일 행동목표의 일반원칙

① 매일 밤마다 정해진 시간에 다음날 실천에 옮길 일일 행동목표를
  적는다.

② 일일 행동목표를 10가지 정한다.

③ 일일 행동목표는 가능한 한 구체적으로 적고 마감시간을 정한다.

④ 여유시간도 포함시킨다.

⑤ 기분 좋게 하루를 시작하고 일하고 끝마쳐라. 아침에는 자기가
  좋아하는 일을 먼저 하고 중요도에 따라 우선순위를 정한다.

목표를 세우고 실천할 때 너무 욕심내서 계획을 잡을 때도 있고, 너
무 허술하게 목표를 세워 별 노력 없이 달성할 때도 있을 것이다. 심리학
자들은 이를 '계획오류'라고 했다. 계획오류는 어떤 일의 소요시간을 가
늠할 때 몇 가지 선입견 때문에 일어나는 현상이다. 계획할 때 과거 경험
을 고려하지 않거나 하부요소를 고려하지 않을 때 일어나는 현상이라고
보고 있다.

일일 행동목표를 실천하다 보면 압박감을 느끼게 된다. 이런 압박감
을 줄일 수 있는 능력을 발전시키면 하루하루가 가치 있는 날이 되고 새
로운 자신감을 얻게 될 것이다. 어떤 직종에서 일을 하든 3% 내에 들어
가야 승자가 된다. 3%는 행동하는 사람이고, 97%는 미루기만 하는 사
람이다. 목표의 설정과 행동의 실천은 평생 계속되는 작업이다.

10개의 행동목표에는 하고 싶은 일과 해야 할 일이 들어 있을 것이
다. 10개의 행동목표는 마음만 먹으면 누구나 작성할 수 있다. 스마트폰
기능을 활용하여 아침에 1번만 바라보고 완성되면 2번을 실천에 옮기도
록 한다.

목표실현에서 가장 중요한 것 중의 하나는 목표생활을 습관화하는 것이다. 오늘을 일일 행동목표를 실시하는 첫날로 정하고 실천에 옮긴 다음 21일째 되는 날 간단한 축하파티를 열어 자신을 위로하고 격려한다. 2개월이 되는 날에는 가장 멋있는 축하파티를 열어 새로운 좋은 습관이 자리매김한 것을 축하해주자. 2개월이 지나면서부터는 일일 행동목표가 없으면 오히려 불편함을 느끼게 될 것이다. 이렇게 3주만 하면 습관이 형성될 것이고, 2개월만 지나면 주단위 목표까지 잡을 수 있다. 주단위의 목표를 실행에 옮기면서 하루에 10개의 행동목표를 달성하다 보면 다음에는 한 달의 목표 그리고 연간 단위의 목표까지 설정하고 싶어진다.

이렇게 작성하다 보면 마음은 한층 즐거워지고 안정되면서 행복해질 것이다. 흘러가는 시간은 자기가 관리하게 되고 진정한 노력의 의미를 깨닫게 된다. 일일 행동목표의 설정과 실현은 목표실현의 출발점이다.

자기성장훈련

1. 일과 시작 전 좌우명이나 구호(예: 나는 위대한 일을 할 수 있다!)를 외치면서 하루를 상쾌하게 시작한다.

2. 마음의 키를 긍정으로 만들어놓고 일과를 시작한다.

   1) 어제 감사한 일을 3가지만 적어보자.

   _____

   _____

   _____

   2) 어제 한 일 중 잘한 일을 3가지만 적어보자.

   _____

   _____

   _____

3. 일일 행동목표 10가지를 구체적으로 적고 마감시간까지 적는다.

_____

_____

_____

_____

_____

_____

_____

_____

4. 일일 행동목표 활동을 습관으로 만들어보자.

• 만들고 싶은 습관: '일일 행동목표 10가지'를 저녁 (   )시에 적는다.

• 일일 행동목표 설정이 습관으로 자리 잡게 될 경우 얻게 될 만족한 느낌과 좋은 점

  을 적어보자.

_____

_____

_____

_____

_____

_____

〈회원 코너〉

회원들의 이야기(1)

　　　신문 꼼꼼히 챙겨보고 아이가 볼 사설 정리 8:30~9:30

　　　밀린 집안일 하기(냉장고 정리) 10:00~11:00

　　　논문(기존 연구 정리, 5일?) 11:00~14:30

　　　책 읽기(『먼나라 이웃 나라』 마저 읽기) 17:30~18:30

　　　필라테스 시작하기 19:00~20:00

　　　영어 해커스 인강 2개 듣기 21:30~23:00

　　　꼭 필요한 지출만 하고 자기 전 가계부 쓰기

　　　아이 책상 정리시키기

　　　밤에 과식하지 않기

　　　TV 볼 때 스트레칭하기

회원들의 이야기(2)

　　　목표가 있으면 방향성이 생겨 나를 이끌어주고 낭비가 줄어든다.
　　　그런데 이것이 지지부진하거나 현저히 못 미칠 때는 스트레스가
　　　수반된다.

회원들의 이야기(3)

　　　오늘 아침에도 좋은 생각의 주제를 주심에 감사하며 인연을 갖
　　　게 된 나 자신에게도 감사한다. 이렇듯 생각이 멸종되어갈 즈음
　　　에 새로운 주제를 제시하므로 생각을 일으킬 수 있는 계기를 얻
　　　게 되었다. 아직 새벽이지만 밖에 나가 생각해본다. 그렇다. 목
　　　표를 갖고 실천함과 그것 없이 닥치는 대로 그냥그냥 보내는 시
　　　간의 결과는 확연히 다를 것이다. 그런데 자주 발생하는 경험은

나만의 좋은 목표를 세워 실천하려고 해도 주변의 영향이 작용할 경우가 많다. 그것을 제처놓고 목표를 실천하면 갈등이 발생할 수 있다.

회원들의 이야기(4)

명확한 목표설정을 흔히 간과하고 있다는 생각이 들었다. 목표 실현이라는 말을 흔히 듣지만 실제로는 먼저 목표를 명확하게 설정하지 않는 것 같다.

9
주간목표의 설정

꿈을 날짜와 함께 적어놓으면 그것은 목표가 되고,
목표를 잘게 나누면 그것은 계획이 되며,
그 계획을 실행에 옮기면 꿈이 실현되는 것이다.

-
그레그 레이드(Greg S. Reid/작가)

사람의 능력은 머리의 좋고 나쁨에 있는 것이 아니라 시간관리를 어떻게 하느냐에 달려 있다. 우리는 일일 행동목표에 따라 스스로 정한 일을 하고 있는 만큼 평소보다 더 많은 시간과 노력을 투입하고 있다. 많은 사람들이 어떤 장애에 부닥치면 '이 일을 꼭 해야 하나? 나한테도 그런 능력이 있나?' 하면서 뒤로 물러서는 경향이 있으나 목표실현에 대한 의지가 강한 사람들은 '어떻게 하면 할 수 있을까?' 하고 스스로 물어보면서 장애를 극복해나간다.

우리가 지금까지 많은 시간을 들여 노력해온 것은 인생의 목표설정을 위해 바라는 것을 분명하고 뚜렷하게 하기 위한 작업이었다. 이제 주목적도 정하고 거기에 따라 목표도 정했다. 주목적을 선정한 사람은 주목적이 성취된다는 상상만 해도 기분이 날아갈 것 같고 흥분되는 기분을 느껴보았을 것이다. 명확한 주목적만 설정해놓아도 우리의 삶은 변화되기 시작한다. 주목적을 찾아 계획한 대로 산다면, 인생의 진정한 주인이 되어 방향을 찾아 당당하게 꿈을 이루면서 살아갈 것이다.

이미 편한 생활이 습관처럼 굳어져 있어 다음날 행동목표를 잡고 생활하는 것이 다소 불편할 수도 있고, 또한 '이렇게까지 할 필요가 있나?' 하면서 여러 가지 부정적인 생각이 목표생활을 방해할 수도 있다. 다음날 행동목표를 잡고 생활하면 하루가 빡빡하게 다소 긴장 속에서 보내게 되는 것도 사실이다. 그러나 이렇게 하다 보면 좋은 습관이 하나 더 만들어지는 것이고 진정으로 원하는 목표가 더 뚜렷하게 다가오게 된다.

다시 한 번 강조하지만 목표를 잡을 때는 측정할 수 있어야 하고 성취할 수 있어야 한다. 황당해서도 안 되고 낙담만 안겨주는 목표도 안 된다. 실현 가능한 목표일 때 도전의식은 끓어오른다. 우리의 잠재능력은 명확하고 기한이 정해져 있고 과제가 구체적이면서 자신의 강점을 현실화시킬 수 있는 목표일 때 작동하기 시작한다.

간혹 주변에서 나의 꿈을 가로막을 수도 있을 것이다. 힘에 부칠 수도 있을 것이다. 중간중간 회의도 들 것이다. 그러나 목표를 성취하려면 자기가 만들어놓은 한계는 스스로 극복해야 한다. 목표의 중요성을 알고 있으면서 목표생활을 하지 않는다는 것은 안타까운 일이다. 목표는 긍정적인 사고의 기폭제 역할을 한다. 긍정적인 사고를 위해서는 목표를 설정하는 것이 무엇보다 중요하다.

• 주간 행동목표 설정의 일반원칙
 ① 주간 행동목표는 3~5개로 제한한다.

② 해야 할 일은 중요도에 따라 우선순위를 정한다.

③ 중요한 목표를 끝마치지 않은 상태에서 다음 목표로 건너 뛰지 않는다.

• 주간목표를 작성하는 요령

① 일주일에 3개의 목표를 세운다. 목표를 끝마치지 못한 상 태에서 다음 목표로 건너뛰지 않도록 한다.

② 날짜, 목표, 평가기준, 결과, 결과에 대한 사유, 나의 강점 (목표를 이루는 밑바탕이 되는 뛰어난 것 한두 가지)을 적는다. 평가 기준은 기간도 될 수 있고 계획도 될 수 있고 숫자로도 가 능하다.

③ 매일 저녁 같은 시간대에 다음날 행동목표를 10개 정하고 실행에 옮긴다.

④ 주목적이 성취될 때까지 매진한다. 선정된 주목적이 성취 되면 주목적을 다시 선정하게 된다.

자기성장훈련

일단 마음의 키를 긍정으로 만들어놓고 시작하자.

1. 어제 감사한 일을 3가지만 적어보자.

---

2. 어제 한 행동 중 잘한 일을 3가지만 적어보자.

"감사한 마음을 갖게 되면 자연스럽게 자기중심에서 상대중심으로 정신적인 에너지가 이동하고, 항상 감사한 마음을 가지면 마음이 강해지고 문제해결 능력도 높아진다. 매일 잘한 일을 적다 보면 자아개념이 좋아지고 자신감이 높아진다. 또한 우울한 기분이 스며들지 못한다."

〈회원 코너〉

• 이번 주의 행동목표(몽당연필)

목표 1. 일러스트레이션 책(예경출판사) 읽기

    날짜: 1월 3일까지

    평가기준: 스케치북을 만들어 직접 그리며 읽었는가?

    결과:

    결과에 대한 사유:

    나의 강점: 그림 그리는 것을 좋아한다.

목표 2. 『아니야』 책 그림 그리기

    날짜: 1월 3일까지

    평가기준: 책의 내용에 맞게 그렸는가?

    결과:

    결과 사유:

    나의 강점: 도안책을 연구하면서 그림 그리는 것을 좋아한다.

목표 3. 『아니야』 책 스토리 수정하기

    날짜: 1월 3일까지

    평가기준: 내용이 참신하고 재미있는가?

    결과:

    결과 사유:

    나의 강점: 이야기를 재미있게 바꾸는 능력이 있다

주간목표 세우기(최종소 화백)

목표	날짜	성취평가			결과 반성	강점 반영
		A	B	C		
야외 스케치하기		○			추운 날씨로 대상에 대한 상세관찰이 미흡	대상이 선정되었다 생각되면 의욕적으로 접근함
그림 그리기		○			소나무 특징을 원활히 표현했음	표현에 만족할 때까지 적극적임
연주 참여하기						

10
월간목표와 연간목표

～◦～◦～◦～

성공확률을 두 배로 높이고 싶다면
실패확률을 두 배로 높여라!

-
토머스 왓슨(Thomas Watson/IBM 설립자)

～◦～◦～◦～

한해를 보낼 때마다 '다사다난했던 한 해'라고 한다. 그만큼 인생살이가 순탄하지 않다는 뜻이다. 역경과 좌절을 극복하고 여기까지 꿈을 이루기 위해 노력해온 모든 독자에게 감사한다. 이렇게 한해 한해를 보내면 언젠가 서로 웃는 승자의 얼굴을 볼 수 있게 될 것이다. 다가오는 새해는 여느 때와 달리 우리의 꿈을 구체적으로 담은 새해가 될 수 있도록 마지막으로 노력해보자.

지금까지 우리는 가치관과 비전, 사명이 반영된 주목적을 설정했고 내가 진실로 원하는 구체적인 목표도 설정해보았다. 일요일마다 주간목표도 3개 정하고 매일 저녁에 일일 행동목표도 설정하여 실천에 옮기고 있다. 이제 남은 것은 월간목표와 연간목표다.

연간목표는 연중에 새로운 계획이 많이 생기므로 중점목표를 10개 정도 잡아 나아가야 할 방향만 잡으면 된다. 월간목표는 연간목표를 작성한 다음에 작성한다. 월간목표는 연간목표의 중점목표와 과제에 따라 작성한다. 월간목표는 지난달에 하지 못한 일도 포함시킨다.

다시 한 번 강조하지만 목표는 기한이 있어야 하고, 구체적으로 눈으로 볼 수 있도록 만들어야 하며, 의욕을 불러일으킬 수 있도록 작성해야 한다.

• 목표생활을 통해 얻는 이점
① 목표를 설정하면 시간이 구조화되어 오늘, 다음 주, 다음 달, 내년에 어떤 일을 해야 할지 알 수 있다.
② 목표생활을 하면 자부심과 자신감이 생겨 마음이 뿌듯해진다. 목표를 설정하고 달성하는 과정에서 자부심과 자신감이 생긴다.
③ 목표 속에는 삶의 가치와 비전, 자신의 강점이 반영되어 있기 때문에 목표를 설정하면 무엇이 중요하고 무엇을 지향하며 살아야 할지 더욱 뚜렷해진다.
④ 목표생활을 하면 안정감과 방향감이 생기고 인생의 방관자에서 적극적인 참여자로 변하게 된다.
⑤ 목표생활을 하는 사람은 타성에 빠져 현실에 안주하는 법이 없다. 목표생활을 하지 않으면 하루하루가 똑같은 날의 반복일 뿐이다.

자기성장훈련

1. 일단 마음의 키를 긍정으로 만들어놓고 시작하자.

   1) 어제 감사한 일을 3가지만 적어보자.

   _____

   _____

   _____

   2) 어제 한 일 중 잘한 일을 3가지만 적어보자.

   _____

   _____

   _____

"감사한 마음을 가지게 되면 자연스럽게 자기중심에서 상대중심으로 정신적인 에너지가 이동하고, 항상 감사한 마음을 가지면 마음이 강해지고 문제해결 능력도 높아진다. 매일 잘한 일을 적다 보면 자아개념이 좋아지고 자신감이 높아진다. 또한 우울한 기분이 스며들지 못한다."

2. 다음은 연간목표를 작성해보자.

   • 내년 일 년 동안 '하고 싶은 일'은 무엇인가?

   _____

• 내년 일 년 동안 '해야 할 일'은 무엇인가?

• '어떻게 실행할까?'를 고민해서 적어보자.

• 급한 일, 중요한 일 중심으로 우선순위를 정한 다음 월별 계획을 세우기 바란다.

3. 우리의 신체는 반드시 생각에 맞춰 반응하고 움직인다는 마음의 법칙이 있다. 목표의 성취를 위해 잠재의식을 활용해보자. 눈을 감고 다시 한 번 다음과 같이 상상해보자.

지금 당신은 무대 위에 서 있다. 당신은 객석을 향해 크게 인사를 하고 있다. 그리고 마음속으로 이렇게 외친다.
'저는 꿈을 이뤘습니다. 정말 감사합니다. …… (객석에서 박수 소리가 크게 들린다)
…… 감사합니다. 앞으로 더욱 노력하겠습니다. ……(박수)'

〈회원 코너〉

1. 몽당연필

매일 목표생활을 하다 보니 힘을 키워나가고 있는 것 같아 미루지 않고 열심히 실천하려고 한다.

1) 연간목표의 작성

- 내년 일 년 동안 '하고 싶은 일'은 무엇인가?
  『물감 그리기』 1권 책 내기, 여행하기, 『지혜왕자와 마음공주』 수정하여 완성하기, 산책 열심히 하기, 하루에 영어단어 5개씩 외우기
- 내년 일 년 동안 '해야 할 일'은 무엇인가?
  『물감 그리기』 1권 수정하여 출판할 수 있게 준비하기, 『지혜왕자와 마음공주』 수정하여 완성하기, 일주일에 세 번 이상 1시간 이상 산책하기, 동화책 읽기, 일러스트 연습하기, 영어단어 외우기

- '어떻게 실행할까?'

『물감 그리기』 책을 완성하기 위해 많은 자료를 찾아보고 완성한다. 시간 날 때마다 『지혜왕자와 마음공주』를 수정하여 완성한다. 기회가 있을 때 아이들에게 읽어준다. 동화책을 항상 읽는다. 일러스트를 연습한다. 영어반 열심히 다니고 매일 단어를 외운다. 시간을 내어 월 1회 미니 책의 제본을 완성한다(일러스트 연습).

2) 월간목표의 작성

1월 목표:『물감 그리기』 논문 자료 찾아보기, 주 3~4회 산책하기, 여행하기, 동화책 읽고 컴퓨터에 넣기, 분류하기, 어린이 영화 보기, 미니 책 에피소드 생각하기, 영어단어 외우기

2월 목표:『물감 그리기』 수정 완성하기, 주 3~4회 산책하기, 여행하기, 동화책 읽기, 미니 제본 책 한 권 만들기, 어린이 영화 보기, 미니 책 에피소드 생각하기, 영어단어 외우기

3월 목표:『물감 그리기』 출판사에 내보기, 주 3~4회 산책, 여행하기, 미니 제본 책 한 권 만들기, 동화책 읽고 분류하기. 어린이 프로그램 보기, 미니 책 에피소드 생각하기

4월 목표: 출판사의 의견에 따라 수정해보기, 주 3~4회 산책, 여행하기, 미니 제본 책 한 권 만들기, 동화책 읽고 분류하기, 어린이 프로그램 보기, 미니 책 에피소드 생각하기, 영어단어 외우기

5월 목표:『지혜왕자와 마음공주』 수정하기, 주 3~4회 산책, 여행하기, 미니 제본 책 한 권 만들기, 동화책 읽고 분류하기, 어린이 프로그램 보기, 미니 책 에피소드 생각하기, 영어단어 외우기

6월 목표: 『지혜왕자와 마음공주』 수정하기, 주 3~4회 산책, 여행하기, 미니 제본 책 한 권 만들기, 동화책 읽고 분류하기, 어린이 프로그램 보기, 미니 책 에피소드 생각하기, 영어단어 외우기

2. 최종소 화백

1) 2017년 개요

생동: 마음과 몸을 바르고 건강하게 유지한다. 건강한 자연에서 찾고 받아들여 리듬을 찾아 호흡한다.

생각: 이것의 중요성을 자각한다. 관찰되는 모든 것을 소홀함 없이 공간을 마련하여 꼭 담아둔다.

실천: 발견되어 느낌이 큰 것들은 형상화한다.

1월: 첫 시작이므로 생각을 많이 하여 실천 덕목을 찾아내자.

2월: 매일이 가늠자이므로 일상을 조심하고 살펴 조금씩 익히자.

3월: 실천에 부족한 부분을 관찰하고 보완하자.

4월: 봄이니 마음을 풀자. 넓게 보고 변화를 관찰하자.

5월: 마음의 생동을 관찰하고 마음이 지향하는 바에 따르자.

2) 2월 중 계획 및 반성

• 계획
  - 그림 그리기: 주제 ⇒ 설정

        35cm×25cm 4점

- 영어 학습: 단어 익히기, 2단원 익히기

　　　　주 1회 동네 주민센터 Survival English 참여
- 아내와 걷기 6회
- 악기 연습: 가요 3곡 연습하기
- 옛 친구 만나기
- 작문: 2~3회
- 마을, 이웃 봉사활동(노력봉사 중심)
- 마을회의 참석: 마을 주민과 얼굴 익히고 친교하기 위한 참석
- 작문 짓기: 나와 대화하는 유일한 통로다. 주제를 정하고 마음을 그려본다.

- 반성
- 그림 그리기

막연히 자연풍광을 회화묘소에 맞춰 그릴 뿐만 아니라 그 안에 나를 심상화하여 그려 넣어본다. 2월 그림 4점은 설경을 산책하여 제작된 그림으로, 마지막 설경 한 점에 나를 그려 넣었다. 나 스스로 자연 속에 하나 되었다. 인간과 격리된 채 나만의 자연으로 회귀하고픈 심상을 그려본 것이다.
- 영어 학습

주민센터 영어반에 빠짐없이 참석하고 있으나, 참석 인원들과 소통은 전혀 이뤄지지 않고 있다. 좋은 유튜브 사이트가 있어 이용하고 있다. 영어 원서 강독을 접하고 있다. 이것저것 함부로 접할 게 아니라 한 가지를 정해서 집중해야겠다.
- 악기 연습

가요, 행진곡 POP을 연습하고 있다. 스마트폰에 녹음하여 들어본다. 소리가 다듬어져야겠다. 조금 저급한 소리가 연주되는 느낌

이었다. 소절별로 소리를 다듬어야겠으므로 악보마다 나름의 악상을 정하여 주의 깊게 연구하여 녹음해보고 듣고 또 고쳐 연구하며 나만의 연주 감정을 표현해야겠다.

- 아내와 걷기

2월은 온화하고 공기도 맑아 아내와 보람 있는 걷기운동을 했고 온천욕을 두 번 했다.

- 옛 친구 만나기

옛 직장 선후배 부부동반 모임이 계획되어 있었으므로 2월 17일 충남 홍성 자연휴양림에서 1박 2일 일정으로 모여 즐거운 산행과 오락회를 가졌다. 이번 모임 내용은 겨울철 연수다. 여름철에는 서해안 섬을 대상지로 정했다.

- 마을, 이웃 봉사활동

마을: 마을 진입로 옆 하수구 덮개가 고장이 나 임시방편으로 보수되어 있는 것을 내부 근본 수리를 하여 완전히 손질했다.

이웃: 쓰레기 분리 및 재활용품 배출 2회

Ⅲ

스트로크 미팅에 참여하자

가재는 게 편이고 과부 사정은 홀아비가 알아준다는 속담이 있듯이 목
표실현을 이루기 위해서 혼자의 노력보다는 뜻을 같이하는 사람들끼리
서로 격려하고 지지하면서 대책을 숙의할 때 꿈은 이루어진다.
스트로크 미팅(Stroke 慰撫)은 말 그대로 격려와 지지와 축복이 이루
어지는 국내 유일의 목표실현 모임이다.

1
인간의 일생은 만남의 일생

모두를 믿지 말고
가치 있는 사람을 믿어라.
모두를 신뢰하는 것은 어리석고
가치 있는 사람을 신뢰하는 것은
분별력의 표시다.

-
데모크리토스(Democritos/고대 그리스 유물론 철학자)

인간의 일생은 만남의 연속이다. 보다 좋은 인생을 살아가기 위해서는 보다 좋은 관계가 중요하다. 보다 좋은 관계를 유지하기 위해서는 어떻게 해야 할까? 상대를 있는 그대로 인정하고 이해하는 것이 아닐까? 있는 그대로를 인정하고 이해하면, 그다음에 신뢰가 생기고 협조·협력의 관계가 형성될 수 있다. 상대를 비판하기는 쉬워도 상대를 인정하고 이해하기는 참으로 어렵다. 나의 모습으로 상대를 보기 때문이다.

상대를 '옳다, 그르다'고 판단하는 순간 과거의 경험이 작동하여 상대를 있는 그대로 볼 수 없다. 장점도 볼 수 없고 장점이 안 보이니 상대를 인정할 수도 없고 칭찬도 할 수 없다. 상대를 있는 그대로 수용하기 위해서는 상대를 판단하는 습관을 고쳐야 한다. 상대를 있는 그대로 보기 위해서는 대상을 바라볼 때 있는 그대로 보는 연습을 해야 한다. 꽃을 봐도 있는 그대로, 길거리에 지나가는 사람을 봐도 있는 그대로 바라보는 연습을 하면 상대를 판단하는 습관이 줄어든다.

신뢰의 본질은 무엇일까? 어떤 사람을 신뢰하고 어떤 사람을 신뢰하지 않을까? 신뢰감을 계속 발전시키는 요소는 무엇일까? 신뢰를 이끄는 주된 요인은 정직성, 성실성, 개방성, 배려, 능력 그리고 언행의 일관성 등이다. 염경엽 야구 감독은 "신뢰는 존중과 배려가 있어야 한다"고 했다. 도산 안창호 선생은 평생 정직성을 강조했다.

위대한 사람은 절대적으로 정직한 사람이다. 사회에서 정직성이 무너지면 신뢰감의 발달에 치명적이다. 만약 사람들로부터 신뢰를 얻고 싶다면 우선 정직해야 하고, 다음은 능력이 있다는 사실을 일관되게 보여주어야 하며, 약속을 항상 잘 지키고, 뒤에서 험담을 하지 말아야 한다.

CEO는 부장급 중에서 임원을 선발할 때 매우 신중하게 관찰한다. 술자리에서의 행동과 언어를 살펴보는 것은 기본이고, 길거리에서 광고 전단을 쌀쌀맞게 거부하는 사람인지 아닌지를 살펴보고, 골프장에서 속임수를 쓰면 역시 낙제점수다. 또한 가장 가까운 사람을 대하는 태도를 보고 이 사람을 신뢰할 수 있는지 판단한다. 배려의 마음씨가 많으면 좋은 점수를 받는다. 가식적이고 이기적인 사람은 싫어한다. 신뢰하는 사람이 없다면 인생이 무의미해질 수밖에 없다. 그러나 지나친 신뢰는 충분히 신뢰를 하지 않는 것만큼이나 문제가 되는 것도 사실이다.

어떤 형태의 조직이든 초기에는 자신의 생각이나 느낌을 잘 표현하지 못한다. 그래서 조직 활동에 적극적이지 못하다. 자신의 언행에 대해 다른 사람이 어떻게 반응할지 잘 모르기 때문이다. 우리의 생각이나 느껌을 발표했을 때 무시당하거나 비웃음을 살 것이라고 생각한다면 자기 자신을 노출하거나 적극적으로 참여하기를 거부할 것이다. 그러므로 상호 간에 신뢰감을 발전시키는 것이 중요하다. 훌륭한 강사는 교실에서 교육생을 처음 만났을 때 반드시 Ice Breaking(참가자들이 서로를 알 수 있도록 분위기를 편안하게 만드는 도입 활동)을 하고 본강의를 시작한다.

리더가 신뢰를 잃으면 직원들은 떠난다. 조직은 발전적인 조직 아니면 퇴행적인 조직이 있을 뿐이다. 그 핵심은 '신뢰'다. 신뢰가 계속 발전하면 발전적인 조직이 되어 직원들이 활발해지면서 창조적이 된다. 그러나 신뢰감이 깨지면서 퇴행적인 조직이 되면 직원들의 불평불만이 늘어나고 하나 둘씩 조직을 떠난다.

리더는 조직의 신뢰감이 계속 발달할 수 있도록 항상 노력해야 한다. 직원들의 언어와 행동을 유심히 관찰하여 신뢰 정도를 파악하고 발전적인 조직이 유지될 수 있도록 노력해야 한다. 조직에 신뢰문화를 만들면 경쟁력이 높아진다. 신뢰문화는 리더뿐만 아니라 전 구성원의 노력의 결과로 만들어진다.

1. 드디어 꿈에 그리던 목표가 성취되었다. 지금부터 조촐한 파티를 열려고 한다. 여기에 푹신푹신한 빈 의자가 5개가 있는데 누구를 초청하고 싶은지 이름을 적고, 어떤 사람인지 간단하게 메모하자.

   ① _____

   ② _____

   ③ _____

   ④ _____

   ⑤ _____

2. 어떤 사람을 제2인자로 만들면 좋을까?

   _____

   _____

   _____

3. 오늘 하루만이라도 상대를 판단하지 않고 있는 그대로 보는 연습을 한다. 길거리에서 사람을 만나든, 조직에서 사람을 만나든 판단을 일체 유보하고 있는 그대로 관찰한다. 그리고 소감을 적는다.

   _____

   _____

   _____

2
만남에 필요한 스트로크
(stroke)

─◦─◦─◦─◦─

사랑에는 한 가지 법칙밖에 없다.
그것은 사랑하는 사람을 행복하게 만드는 것이다.

-
스탕달(Stendhal/프랑스의 소설가)

─◦─◦─◦─◦─

1) 스트로크와 사람들의 행동

스트로크(stroke)는 '위로해주고 애무해주다'라는 의미인 '위무(慰撫)'
라고도 하고 '존재인지'라고도 한다. 스트로크는 쓰다듬거나 때리는 것
과 같은 신체에 직접 닿는 신체적인 스트로크부터 윙크, 말 걸기, 승인
하기 등 정신적인 스트로크까지 매우 넓은 의미의 말로서 타인의 존재를
인정하기 위한 작용이나 행위를 가리킨다. 입만 벙긋하면 말과 동시에
스트로크가 튀어나간다.

스트로크는 정신적인 자양분이다. 고양이나 개도 쓰다듬으면 좋아
하는 것과 같이 인간은 스트로크 없이는 살 수 없다. 유아기에 부모 또는

기타의 양육자로부터 받는 접촉이나 애무 등의 신체적 스트로크 욕구는 성장한 뒤에는 찬사나 승인 등의 정신적 스트로크 욕구로 이행하지만, 모두 자기의 존재를 인정받기 위한 욕구이며, 세 끼의 식사가 필요한 것과 같이 스트로크는 인간에게 불가결한 것이다. 특히 중요한 것은 사람이 받는 스트로크의 종류와 질에 따라 사람 됨됨이가 정해지고 만다. 즉, 스트로크에 의해 일생을 좌우하는 '각본'이 써지고, 부모와의 접촉을 통해 '인생에 대한 기본적 자세'가 형성된다.

2) 스트로크 헝거(stroke hunger)

일상생활의 대부분은 스트로크를 받거나 때로는 피하는 일로 '시간 구성'이 되어 있다. 행동의 동기는 모두 스트로크로 성립된다. 이처럼 사람은 일상의 번잡한 스트로크의 교환에 지쳐서 때로는 스트로크를 피하여 타인과의 접촉을 필요로 하지 않는 시간을 만들기도 한다. 반면에 스트로크의 교환이 부족하면 따분하거나 긴박하거나 때로는 고통스럽기까지 해서 사람들은 마치 배고픔을 참지 못하게 되는 것과 같이 스트로크 헝거에 빠지고 만다.

스트로크 헝거는 타인, 특히 부모나 윗사람으로부터 무시당하는 경우에 그 경향이 뚜렷해져 무리해서라도 스트로크를 받으려고 장난질을 하거나 실패하거나 나쁜 짓을 하기도 한다. 이것이 반복해서 이뤄지면 '게임'이 된다.

학교에서 60점만 맞던 아이가 어느 날 80점을 맞았다. 아이가 신이

나서 엄마에게 80점 맞았다고 자랑했다. 그러나 엄마는 "100점도 아니 잖아" 하면서 평가를 절하했다. 아이는 실망해서 "이제부터 공부 안 해!" 하면서 문을 박차고 나가버렸다. 아이는 기대한 만큼 스트로크가 주어지지 않자 화가 나 나가버렸다. 아이는 스크로크 헝거에 빠지게 된다. 회사에서 밤늦게까지 열심히 일해서 그 다음날 상관에게 과제를 제출했으나 상관은 한마디 말도 없이 서랍 속에 집어 넣어버렸다. 직원은 스트로크 헝거에 빠지게 된다.

스트로크가 부족한 사람은 결사적으로 스트로크를 받기 위해 노력한다. 그래도 안 되면 공격적이 된다. 스트로크 헝거가 쌓이면 부적응 행동이 일어나 조직의 생산성 저하와 비효율성을 초래하게 된다. 상대가 스트로크 헝거에 빠졌다 싶으면 스트로크를 주어야 하고, 평소에 스트로크 헝거에 빠지지 않도록 노력해야 한다.

3) 스트로크의 종류

스트로크를 좀 더 깊이 이해하기 위해 몇 가지 종류로 구분해서 살펴볼 필요가 있다.

(1) 긍정적 스트로크와 부정적 스트로크

애정, 승인, 보수 등 인간에게 좋은 감정을 일으키게 하는 것을 '긍정적 스트로크'라 하며, 정이 담긴 신체의 접촉과 애무로부터 대수롭지 않은 배려나 아침의 "안녕하세요?"라는 한마디 인사도 여기에 포함된다. 반대로 사람의 마음이나 신체를 손상시키는 것과 같은 말이나 행위 등 사람들에게 불쾌한 감정을 불러일으키는 것을 '부정적 스트로크'라고 한다.

사람은 긍정적 스트로크를 얻지 못하면 부정적 스트로크라도 얻으려 한다. 부모로부터 무시당한 아이가 오줌을 싸거나 다치거나 해서 부모로부터 꾸중을 듣거나 매를 맞거나, 상사에게 무시당한 종업원이 중대한 실수를 저질러서 주목을 끌고자 하는 등이 그런 예다. 배고픔이나 목마름에 견디지 못하게 되면 스트로크 헝거에 빠져서 부정적 스트로크를 추구하게 된다. 이런 일들이 쌓이고 쌓이면 평생 'not-ok'의 인생태도가 만들어지기도 한다.

(2) 조건부 스트로크와 무조건 스트로크

긍정적 스트로크와 부정적 스트로크는 다시 두 종류로 나눈다.

조건부 스트로크는 좋은 일을 했을 경우에만 스트로크가 주어지는 것으로, "공부를 잘 했으니까 과자를 줄게"라든가, 말을 잘 들었을 때 "착한 아이로구나"라고 하는 경우다. 조건부 스트로크로는 행위에 대한 칭찬은 되지만 인격에 대한 찬사는 되지 않는다. 조건부 스트로크만 받으면 마음속에 두려움이 생긴다. 요구와 기대는 조건부 스트로크이다. 이것이 무조건적인 스트로크를 방해하는 큰 장애물이다.

바람직한 스트로크는 조건이 붙지 않은 무조건적 스트로크로서 상대의 인격 자체, 존재 자체에 대한 승인, 찬사를 말한다. 이런 긍정적, 무조건 스트로크를 받으면서 자란 아이는 'ok 태도'가 갖춰져서 사회에 나와 집단 속에서 승자의 길을 걷게 된다.

괴테(Johann Wolfgang von Goethe)는 "인간을 현재의 모습으로만 판단하면 그는 더 나빠질 것이다. 하지만 그를 미래의 가능한 모습으로 바라보라. 그러면 그는 정말로 그런 사람이 될 것이다"라며 만나는 사람들의 가능한 미래의 모습에 스트로크 할 것을 주문하고 있다.

스트로크 진단

다음 A~E의 설문을 읽고 자기의 행동에 해당하는 것에는 2점, 어느 쪽
인지 잘 분간할 수 없으면 1점, 해당하지 않으면 0점을 매겨주십시오.
이 체크리스트는 자기가 스트로크를 내고 받는 경향을 깨닫게 하는 실마
리가 될 것입니다. 따라서 어느 형이 좋고 나쁘다는 기준은 없지만 일반
적으로 플러스 스트로크를 주고받는 정도가 높을수록 좋다고 할 수 있습
니다.

A. 플러스 스트로크를 내는 정도

① 친구, 동료와 음식점이나 빵집에 갈 때 자기 쪽에서 먼저 말을 거는 일이 많다.
(　　 점)

② 귀가 시 가족의 "어서 오세요"라는 말을 받기 전에 자기가 먼저 "나 왔어" 라고 한
다. (　　 점)

③ 곤경에 처해 있는 사람을 지나치게 돕기 때문에 가족이나 친구가 '너무 참견한다'는
말을 한 적이 있다. (　　 점)

④ 직장에서나 가정에서 남의 노고를 쉽게 위로하고 감사할 수 있다. (　　 점)

⑤ 가족 생일이나 결혼기념일 등을 잘 기억해두었다가 축하하는 말을 먼저 꺼내는 편
이다. (　　 점)

B. 마이너스 스트로크를 내는 정도

① 회의나 잡담하는 자리에서 남의 결점을 지적하는 발언을 많이 하는 편이다.
(　　점)

② 직장의 후배나 부하에 대해 칭찬보다는 엄한 충고나 꾸중을 많이 하는 편이다.
(　　점)

③ 가족이 내 마음대로 행동하지 않을 때 금방 비판하는 편이다. (　　점)

④ 식당 등에서 서비스가 나쁘면 금세 불평을 토로하는 편이다. (　　점)

⑤ 줄 선 곳에 끼어들거나 금연 장소에서 담배를 피우는 사람을 보면 즉시 주의를 주는 편이다. (　　점)

C. 플러스 스트로크를 받는 정도

① 귀가 시 자신이 "나 왔어"라고 말하기 전에 누군가가 "어서 오세요"라고 한다.
(　　점)

② 업무상 관계자(고객, 학생, 거래처, 공무원 등)로부터 고맙다거나 위로받는 일이 비교적 많다. (　　점)

③ 일의 달성 여부에 관계없이 도중에 노력을 인정받아 격려해주는 상사나 선배를 가지고 있다. (　　점)

④ 뜻밖의 사람으로부터 생일카드나 기타 기념품, 계절 인사장 등을 받아 놀란 일이 있다. (　　점)

⑤ 매우 곤란한 문제에 당면했을 때 금방 상의할 수 있는 신뢰할 만한 사람이 있다.
(　　점)

D. 마이너스 스트로크를 받는 정도

① 직장에서 작은 실패나 목표 미달에 대해 꾸중을 듣거나 압력을 받은 일이 있다.
(점)

② 지난 반년 동안 자기의 직접적인 책임이 아닌 일에 대해 직장에서 책망받았다고 느
낀 일이 있다. (점)

③ 가족 중에 비교적 신경질적인 사람이 있어 악의는 없지만 당신을 비판하거나 엄히
책망하는 일이 있다. (점)

④ 최근에 상사나 선배들 중에 보통 이상으로 엄격한 사람이 있어 당신을 지도 육성한
다고 느낀 일이 있었다. (점)

⑤ 자기 가족은 남의 가족에 비해 너무 엄하다고 느끼는 경우가 많다. (점)

E. 스트로크를 외부와 교환하지 않는 정도

① 휴일에 하루 종일 혼자 지내도 고통스럽지 않고, 가령 친구가 찾아오면 부담을 느
낀다. (점)

② 길을 걷고 있는데 저쪽에서 아는 사람이 오는 것을 보았다. 인사하기 귀찮아서 가
능하면 길을 좀 비켜서 접촉을 피하려고 한다. (점)

③ 남과 이야기할 때 갑자기 생각에 잠겨버려 답을 요청받아서야 제정신을 차리는 경
우가 많다.
(점)

④ 직장에서 점심 식사 시 사정에 의해 자기 혼자 식사하게 되면 살았다고 해방감을
느낀다. (점)

⑤ 회식이나 친목회 등에 사정상 할 수 없이 불참하게 될 경우 오히려 잘됐다고 해방
감을 느낀다. (점)

10									
9									
8									
7									
6									
5									
4									
3									
2									
1									
0		A		B		C		D	E

채점방법: A~E의 그룹마다 득점을 합계하여 막대그래프를 그린다.

개선점

_____

_____

_____

자료제공/한국인재개발본부

3
스트로크 미팅

~•~•~•~

다른 사람이 원하는 것을 얻을 수 있도록
도와준다면
당신은 인생에서 모든 것을 가질 수 있다.
-
지그 지글러(Zig Ziglar/작가)

~•~•~•~

'2025 목표실현 프로젝트'를 운영해오면서 가장 아쉬웠던 점은 워크숍이었다. 회원들이 한 명씩 여러 가지 핑계를 대면서 탈락할 때마다 괴로웠다. 그룹으로 운영하면 조직의 힘에 의해 탈락을 방지할 수도 있었을 텐데 하는 아쉬움과 미안함이 있었다.

처음 시작은 누구나 열정을 가지고 도전한다. 그러다가 시간이 흐르면서 목표실현에 필요한 과제들을 생략하기 시작하면서 추진력과 열정이 사라지고 핑계만 남는다. 바로 이 시기에 목표를 실현시킬 수 있도록 지지해주고 격려해주는 스트로크 그룹이 필요하다.

성공한 사람들은 혼자 힘으로 된 것이 아니다. 다른 사람들의 정서적 지원을 받아 어려운 일을 가볍게 만들 수 있었기 때문에 가능한 것이다. 다른 사람과 함께 목표를 추진하면 혼자 하는 것보다 집단의 힘을 이용하기 때문에 목표실현을 위한 추진력과 에너지, 열정은 배가 된다.

긍정적인 스트로크(stroke, 慰撫)는 인정하고 격려하고 지지하는 모든 언동을 말한다. 스트로크 미팅에서는 상호 존중의 장을 마련하기 위해 처음 시작할 때 자애명상을 하고 워크숍을 진행한다. 회원들은 지금까지의 성과, 앞으로의 계획, 성취경험, 자신이 겪고 있는 역경이나 도전을 이야기한다. 서로의 성공을 축하하고 좋은 아이디어를 짜낸다. 목표실현 중에 엄습해오는 두려움의 극복과 경험 사례, 자신감 부족의 극복 사례 등을 발표하고 끈기와 집중력 향상을 위한 자신만의 노하우나 자기신뢰 및 자기수용을 성장시키는 사례도 발표한다. 미팅 중에는 비판하지 않는다. 상대가 꿈을 이야기할 때 절대 부정하지 않는다. 좌절과 역경을 쉽게 극복할 수 있도록 적절한 조언과 정보를 주고받는다. 서로 격려하고 자신감을 심어주려는 마음가짐은 필수다.

자기제한적 신념을 인지하고 수정하는 훈련도 할 수 있으며, 필요하면 자신감과 자존감을 향상시키기 위한 워크숍도 진행한다. 경우에 따라서는 자기성장을 위한 훈련도 실시된다. 우리의 뇌는 긍정훈련 없이 내버려두면 자신도 모르게 부정으로 기울어지기 때문에 스트로크 미팅을 통해 상호 긍정의 장을 마련하여 자신을 긍정적으로 유지하는 것이 필요하다.

스트로크 미팅에 참석하여 주어진 과제를 실천하면서 서로 확인하고 워크숍을 진행하면 목표실현 달성률이 8%에서 88%로 높아질 것으로 기대한다. 목표를 추진하다 보면 크든 작든 어떤 장애와 역경에 부딪히게 된다. 그런데 그것의 대부분은 외적인 것보다는 80%가 내적 요인에 기인한다.

각자의 경험만큼 더 좋은 해결책은 없다. 반은 다시 소그룹으로 나누고 소그룹에는 경험과 의견을 나누어줄 스트로크 미팅 리더 양성 과정을 이수한 사람이 운영자가 되어 목표실현이 이루어질 때까지 함께하게 된다.

월 한 번 3시간씩 12회의 미팅을 한다. 미팅 기간에는 참가자에게 필요한 맞춤형 훈련을 실시하며 그동안의 진행상황과 장애극복 사례가 발표될 것이다. 기타 필요한 것과 과제는 수시로 인터넷을 통해 교환된다.

결과적으로 스트로크 미팅에 참석한 사람들은 일상훈련으로 목표실현을 이루어 위대한 일을 할 수 있게 된다.

아프리카에 "빨리 가고 싶으면 혼자 가라, 멀리 가고 싶으면 함께 가라"는 속담이 있다. 프로그램이 좋은 영향을 끼쳤다면 마음이 통하고 존경하는 사람들을 불러 모아 함께 나아가자!

기업 연수를 원하는 분, '스트로크 미팅 리더 양성 과정'이나 스트로크 미팅에 참석을 원하는 분은 http://blog.daum.net/komic2000으로 신청하면 된다. 워크숍으로 진행되기 때문에 한 클래스당 30명 내외로 제한한다.

에필로그
모든 성취의 뒤에는 훈련이 있다

2015년 7월에 출간한 『일상에서 발견하는 소소한 심리이야기』는 뜻밖의 찬사를 받았다. 너무나 고마울 뿐이고 출간한 보람을 느꼈다. 이 자리를 빌려 독자들에게 다시 한 번 고마움을 전한다.

반평생 강의만 한 사람으로서 사회에 기여하는 것은 출판을 통해 알고 있는 조그마한 지식을 필요한 사람들에게 전달하는 것이라고 생각하여 이번에도 다시 한 번 큰 결심, 『스트로크 미팅』을 출판하게 되었다. 이 책도 그동안 강의를 통해 느낀 점을 정리해서 많은 사람들이 목표실현을 통해 승자의 길로 걸어가기를 염원하는 마음으로 썼다.

글을 쓰면서도 걱정이 많았다. 어린 시절부터 만들어진 '태도와 행동'은 인식의 변화만으로는 변하지 않기 때문이다. 일상훈련이 뒷받침되어야 '태도와 행동'이 변하고 목표실현을 이룰 수 있기 때문이다. 고심 끝에 '스트로크 미팅'을 운영하기로 결심했다. 스트로크 미팅을 운영한다는 것이 말처럼 만만치가 않을 것 같다. 당장 모이는 장소, 시간, 지방회원의 문제 등 여러 가지 장벽이 앞을 가로막고 있다. 그러나 일단 운영하기로 결심하고 나니까 마음이 다소나마 가벼워졌다.

목표의 중요성을 모르는 사람은 없다. 실천하지 않는 것뿐이다. 운동이 건강에 좋다는 것을 모르는 사람은 없다. 그렇지만 이 핑계 저 핑계 대면서 운동을 미루는 사람들이 많은 것과 마찬가지 이치라고 생각한다. 일상훈련 없이 목표는 달성하기 어렵다. 특히 혼자 하는 사람들은 여러 사람들이 모여서 하는 것보다 몇 배 힘이 들 것이다. 헬스클럽에 가서 운동하는 것과 마찬가지 이치다. 목표도 집에서 혼자 하는 것보다 헬스클럽 같은 성격을 가진 '스트로크 미팅'에서 함께 노력하면 달성확률이 높아질 것이다.

스페인에는 조각가 가우디도 유명하지만 천 년이 넘는 유명한 조선소가 있다. 이 조선소는 배를 만들 때 반드시 모형 배를 하나 더 만들어 놓는다. 지금까지 약 십만 척의 모형배가 전시되어 있다. 이 10만 개의 모형 배에는 간략하게 배의 역사가 설명되어 있는 안내 표시가 붙어 있다. 예를 들어, 이 배는 몇 번 풍랑을 만났고 해적에게 몇 번 당했고 몇 번 부딪쳤고 어떻게 좌초되었는지 기록되어 있다. 다른 쪽 한 벽면에는 간략하게 배들의 역사가 붙어 있다.

"우리 조선소에서 출고된 10만 척 중 6천 척은 바다에서 침몰했고,
9천 척은 심하게 망가져 다시는 항해할 수 없었으며,
6만 척은 20번 이상 큰 재난을 겪었다.
바다에 나가 상처를 입지 않은 배는 단 한 척도 없었다."

이 조선소를 관람한 사람들은 누구나 마음이 숙연해진다. 우리 인생도 마찬가지다. 순탄하게 항해하는 사람은 하나도 없다. 반드시 풍랑을

만나고 좌초되기도 하고 고충을 겪으면서 살아가고 있다.

목표생활을 하다 보면 반드시 겪게 되는 것이 역경과 좌절이다. 역경에 빠졌을 때 역경이 일시적이고 그 일에 국한해서 생각하고 자기 문제가 아닌 다른 어떤 요소와 관련 있다고 생각하는 사람일수록 역경을 쉽게 극복한다. 역경과 좌절은 집념과 의지와 인내를 가지고 슬기롭게 넘겨 '진실로 원하는 목표'를 확실하게 실현시키는 사람이 되기를 진심으로 기원한다.

어렸을 때부터 만들어진 태도와 행동에 문제가 있다고 하더라도 꾸준히 일상훈련을 하다 보면 변할 수 있고 난관을 돌파할 수 있다. 몸의 건강을 위해 30분 이상 운동을 한다면 마음의 건강을 위해서도 하루에 20분만이라도 훈련하자. 변화는 훈련과 연습에 의해 이뤄진다.

심리학자 안데르 에릭손(K. Ander Ericsson)도 "작은 인재를 큰 천재로 만들어주는 것은 훈련과 연습"이라고 강조했다. 역경이나 좌절에 부딪치게 될 때 핑곗거리를 찾는 자신의 모습을 발견하고 미소 지으면서 끝까지 목표실현을 달성하자. 목표실현이라는 대업을 완수하는 데 하나의 장애물도 없다면 너무 시시하지 않겠는가?

잠시 이 책을 읽는 독자들과 2025 목표실현 프로젝트의 회원들, 그리고 고마운 분들을 생각하면서 자애명상을 해본다. 항상 행복하소서~ 건강하소서~ 평화로우소서~

스트로크 미팅
회원 신청 안내

1. 운영목적

이 세상은 꿈을 가진 자의 것입니다.

꿈의 실현은 많은 인내와 열정과 노력의 결과입니다.

자신의 부족한 점은 훈련으로 극복하고 타인의 정서적 지원도 얻어가면서 꿈을 펼칠 때 성공 확률은 높아집니다.

혹시 "사는 게 재미없어!", "뭐든 되는 게 없어", "만사가 귀찮아"라고 말하신 적은 없으셨나요? 만약 이와 같은 부정적인 생각을 하신 분이 있다면 '스트로크 미팅'에 가입하여 꿈의 실현을 위해 함께 노력해 보는 것은 어떻습니까?

"목표 없이 행복 없다"고 자신 있게 말씀드릴 수 있습니다. 목표가 없으면 기분이 우울해지고 무기력해지고 시간도둑이 활기를 띠고 정신에너지를 집중할 대상을 찾지 못해 방황하게 됩니다. 우리 모두는 나름대로 각 분야에서 위대한 일을 할 수 있습니다.

소그룹 단위로 철저하게 워크숍 중심으로 강의를 진행하기 때문에 참여한 모든 사람들이 절친한 사이가 되어 서로 영향을 주고받는 즐겁고 유익한 시간이 될 것입니다. 스트로크 미팅에서 비판은 금물입니다. 문제의 본질에 관해 유용한 조언을 들을 수 있으며 정서적으로 무조건적인 지지와 격려와 축복을 받게 될 것입니다. 목표실현을 이루기 위해서는 혼자의 노력보다는 뜻을 같이하는 사람들끼리 서로 격려하고 지지하면서 대책을 숙의할 때 1년이라는 세월은 가장 만족스럽고 생산적인 놀랄 만한 시간이 될 것입니다.

본 프로그램은 문제 되는 태도와 행동을 훈련으로 변화시키면서 목표실현을 함께 이루어 나가는 국내 유일 과정입니다.

스트로크 미팅은 목표생활을 하다가 중도에 포기한 사람들, 목표의 중요성은 알고 있으나 아직 목표를 실현시키지 못한 사람들을 위해 각별히 기획 설계된 프로그램입니다. 스트로크 미팅에 관심 있는 사람들의 많은 참여 바랍니다.

2. 프로그램 개요

1단계 스트로크 미팅의 비전과 사명
2단계 긍정이 인생을 바꾼다
3단계 인생프로젝트에 도전한다
4단계 문제 되는 태도와 행동의 변화 모색
5단계 나는 위대한 일을 할 수 있다

3. 교육시간

1년간 월 1회 3시간 합 36시간을 운영합니다.

4. 지도교수

김광명(숭실대 명예교수/숭실대 인문대학장 역임)
송관(한국인재개발본부 대표)
2025목표실현프로젝트 회원

5. 교재

『스트로크 미팅』(저자 송관)을 교재로 사용합니다.

6. 주제별 훈련내용

주제	훈련내용
1차 스트로크 미팅 **스트로크 미팅의** 비전과 사명	**-인간의 일생은 만남의 일생이다-** • 과정도입(행복의 맵, DAP) • 인간관계의 핵심기술(실습) • 스트로크 진단 • 10분간 행동목표 • 스트로크 미팅의 비전과 사명 공유 • 일일행동목표의 일반원칙 • 긍정일지 작성요령

	−목표는 강점과 가치의 실현이다−
2차 스트로크 미팅 나의 재발견	• 에고그램에 의한 성격행동분석 – 나의 가치관(미래의 나, 자아반경모델) – 나의 강점 5가지 • 주간목표의 작성요령

7. 기타

신청 및 문의 사항은 블로그(http://blog.daum.net/komic2000)를 활용하시기 바랍니다.